D1617832

Jörg Zink

Das
Geschenk
eines jeden
Tages

❧

EIN JAHRESBEGLEITER

Kreuz

Herausgegeben von
Alexandra Reiter und Hildegunde Wöller

Januar

GEH DEN NÄCHSTEN SCHRITT

Dein, Gott, ist diese große Welt.
In dir sind Haus und Weg und Zelt.
Du gibst die Kraft, du gibst die Zeit,
du gibst den Plan und das Geleit.
Dir sei die Fahrt anheim gestellt.

In dir sind Berg und Wind und Strand.
Der Sonne Licht ist dein Gewand.
Bewahr uns gnädig, leite du
uns deinem großen Ziele zu
und halt uns fest in deiner Hand.

Der Singvogel, 89

Ein Wort der Bibel für Menschen, die unterwegs sind:

Fürchte dich nicht. Ich befreie dich.
Ich rufe dich bei deinem Namen.
Du bist mein.
Wenn du durch Wasser gehst,
bin ich bei dir,
inmitten von Strömen halte ich dich fest.
Wenn du durch Feuer gehst,
wirst du nicht brennen,
und die Flamme wird dich nicht versengen.
Ich bin der Herr, dein Gott.
Ich mache das Meer still,
wenn seine Wellen brausen,
und schütze dich.
Ich zeige dir einen Weg auf dem Grund des Meeres:
den Weg der Befreiten,
die erlöst sind von Angst.
Freude gebe ich dir im Aufbruch,
auf dem Weg aber Geleit in Frieden.

Gib den Augen meines Herzens Licht, 172

enn Gottes Liebe dein Herz durchströmt, wirst du selbst in Bewegung geraten. Du wirst deine Schritte zuversichtlich setzen von heute auf morgen und auf alle Zukunft hin. Geh also den nächsten Schritt, nicht gleich bis ans Ende der Welt, nur den nächsten. Lass dich einen Träumer schelten von denen, die sagen: Mit beiden Füßen muss der Mensch auf der Erde stehen. Denn wer mit beiden Beinen auf der Erde steht, kommt nicht vorwärts. Wer ein Ziel erreichen will, muss unterwegs sein. Schau also auf das Ziel hin, das dir gesteckt ist, mit offenen Augen und geh! Auch ins Unbegangene. In die Weglosigkeit. Der Weg bildet sich unter deinen Füßen.

Lass dein Herz atmen, S. 42

Du bist auf diese Erde gesandt. Gehe nun diesen Weg auf der Erde, achte auf Gottes Willen, achte auf seine Führung, auf die Zeichen, die er dir gibt. Der dich gesandt hat, ist da. Er führt dich. Er begleitet dich mit dem Gesicht eines Bruders. Er stützt dich. Er zeigt dir deinen Weg. Er empfängt dich am Ende. Und er führt dich weiter ohne Aufhören. Unendlich. Geh, einige dich mit dem, was Gott mit dir tun will, und lebe in Frieden.

Dein Weg führt in eine größere Welt. Du wirst ein Licht schauen, unendlich heller als die Sonne dieser Welt. Fasse davon, so viel du kannst. Alles wirst du ohnedies nicht begreifen. Aber lass, was du begriffen hast, hier, auf dieser Erde, spürbar werden. Alles, was du erreichen kannst im Lauf deines Lebens, ist unwichtig gegenüber dem Einen, dass von diesem Licht und Frieden des Herzens um dich her etwas spürbar geworden ist. Denn du bist nicht irgendjemand. Du bist weder entbehrlich noch austauschbar. Du bist dieser eine, unverwechselbare, von Gott geliebte Mensch.

Lichter und Geheimnisse, 21-22

Wir gehen auf dem Weg, der uns zugewiesen ist. Wir gehen unter einem weiten Himmel und sind hier zu Hause und überall, wohin unser Schritt führt. Vor uns ist das Licht. Alle Dunkelheit wird eines Tages hinter uns sein. Gott sagt: Zieh in Freude aus. Ich will dich in Frieden leiten. In der Freiheit meiner Kinder kommst du zum Ziel, und in meinem Licht wirst du vollendet werden. Es ist ein Weg da. Geh ihn. Ich bin bei dir.

Die leisen Kräfte, 41

Wir haben nicht alle Wahrheit, aber so viel, wie wir unterwegs brauchen. Wir kennen nicht alle Geheimnisse. Wir lösen nicht alle Rätsel. Wir müssen nur wissen, auf wen wir zugehen und wie wir die nächste Strecke Weges bewältigen.

Wir haben nicht alle Freiheit, aber so viel, wie wir unterwegs brauchen. So viel, dass wir uns nicht festhalten zu lassen brauchen, wenn wir gehen wollen. Uns ist nicht aller Sinn erschlossen, aber so viel, dass wir uns nicht um ihn zu sorgen brauchen. Wir müssen nicht erkannt haben, warum die Welt sich dreht. Wir dürfen aber vertrauen, dass unserem Geschick ein Plan zugrunde liegt und von uns nur die kleine Treue verlangt ist, auf dem Weg zu bleiben. ❧

Wie die Farben im Regenbogen, 201

Es gibt dunkle Mächte,
aber du brauchst dich nicht zu fürchten.
Du kannst mit allen deinen Plänen scheitern,
aber du bist getragen.
Du kannst schwach werden,
aber du brauchst nicht auf eigenen Füßen zu stehen.
Es kann dir alles genommen werden,
aber nichts brauchst du festzuhalten.
Was du brauchst, liegt dir ungefährdet in der Hand.
Du kannst bedroht sein,
aber du brauchst dich nicht zu wehren.
Du kannst dir kein unschuldiges Herz bewahren,
aber Gott misst dich nicht an deiner Unschuld,
sondern an deiner Liebe zu denen,
die gleich dir schuldig sind.

Willst du angstfrei leben?
Dann lass deinen eigenen Willen,
und gib dem Wirken Gottes Raum.
Suchst du Gelassenheit? Dann höre die leise Stimme,
die dir sagt, worin dein Dasein gründet.

Sieh nach den Sternen,
gib acht auf die Gassen, 400

Zu wissen, welche Stunde die Uhr geschlagen hat, sich selbst in der Lebensphase zu sehen, in der man wirklich steht, ist sehr schwer. Die meisten Menschen träumen sich voraus in die Zukunft oder hängen an der Vergangenheit. Sie halten die Phase des Erfolgs fest, wenn es um Erfolg längst nicht mehr geht, die Phasen des Leistens oder des Genießens, wenn Leid und Verzicht längst im Zimmer stehen. Viele andere wähnen sich in der Phase des Abbauens und des Ermüdens, solange noch gesunde Kräfte genug da sind. Die Uhren gehen falsch, und weil man die falsche Stunde abliest, hadert man mit dem Schicksal. Gingen die Uhren richtig, gäbe es bei weitem mehr Freiheit zu eigenen freien Entscheidungen.

Erfahrung mit Gott, S. 209

Du bist ein freier Mensch. Wähle deinen Weg selbst. Nimm das Licht in Anspruch, das lange vor dir geleuchtet hat, und suche deinen Weg in dem Licht, das heute leuchtet. Es ist dasselbe. Lass liegen, was dir zur Last wird und was vielleicht aus der Vergangenheit überliefert ist. Und vertrau darauf, dass du nicht eine neue Last für dich und deinen Weg finden musst, sondern dass Gott deine Freiheit will. Gott wird dir den Geist geben, den du brauchst für deinen Weg. Jetzt und heute. Und für die Zukunft.

Das Evangelium IV,54

Wenn du etwas Schönes siehst, dann lass dir Zeit. Wo etwas Heilendes geschieht, da bleib lange stehen. Ein Zeitverschwender aber wirst du sein müssen, wenn jemand deine Liebe braucht, deine Hilfe oder deinen Trost. Wo dir Trauer begegnet oder Leid, da ist es Zeit für viel Zeit. Denn die Zeit weitet sich, wo Wichtiges geschieht. Am Ende wird kaum etwas Schöneres über dich gesagt werden können als: »Er – oder sie – hat Zeit für mich gehabt.« Und das will heißen: Er hat ein Stück von sich für mich hingegeben.

Die goldene Schnur, 37

Am Anfang schuf Gottes Geist Himmel und Erde. Gott sprach: Es werde Licht, und es ward Licht. Am Anfang war die schaffende Kraft, am Anfang war der gestaltende Wille, am Anfang war der klare Geist, der Geist Gottes. Es wurde eine Welt voll schaffender Kräfte, voll gestaltender Energien, voll klarer, sinnvoller Ordnungen. Was aber am Anfang war, das ist heute, das ist in Ewigkeit. Gott wird in Ewigkeit sprechen: Es werde Licht. Und es wird Licht sein.

Die leisen Kräfte, 34

Im Anfang war das Wort.
Es war Gott nah
und von seiner Art.
Nicht Zufall, nicht blinde Kraft
brachten die Welt hervor.
Im Anfang war Gottes Geist,
denkend, gestaltend, voller Liebe.
Im Anfang schuf Gottes Geist
Himmel und Erde.
Gottes Geist wurde fassbar
in der Welt und ihrer Ordnung.
Gotte Geist nahm Gestalt an,
und die Welt wurde schön.

Am Anfang war schaffende Kraft.
Am Anfang war gestaltender Wille.
Am Anfang war klarer,
lichtvoller Geist.
Und es wurde eine Welt
voll schaffender Kräfte,
voll gestaltender Energien,
voll klarer, sinnvoller Ordnungen.
Aber das Wort
war nicht nur am Anfang.
Es ist noch immer die schaffende Kraft,
das heimliche Wesen der Dinge.

Nach Johannes 1
Gib den Augen meines Herzens Licht, 19

Wer ist Gott?
        Kein Gedanke ersteigt ihn,
        keine Ausdauer wird ihn erreichen,
kein Tiefsinn ihn ergründen.
Wer sich zur Liebe aufrichtet,
reicht hinauf zu Gott.
Wer sich in der Liebe beugt,
ergründet seine Tiefe.
Wer in der Liebe seine Wege geht,
schreitet ihn aus.

Was bleibt, stiften die Liebenden, 312

Im Anfang des Lebens
war das Wort,
schaffender Geist aus Gott.

Auch du selbst kommst
aus seiner schaffenden Kraft,
aus seiner gestaltenden Kunst.

Die leise Stimme Gottes
begleitet dich über die Erde.
Dir aber bist gegeben zu antworten
mit Leib und Seele.
Gottes Geist spricht nun in dir,
und du hörst seine Sprache
in deinem Wort.

Gottes Geist gib dir Ohr und Stimme,
und neue Schöpfung geschieht,
neuer Anfang aus dem Wort.

Denn aus seiner Fülle haben wir alle empfangen
Gnade um Gnade.

Nach Johannes 1
Gib den Augen meines Herzens Licht, 21

icht sorgen« heißt nicht, du sollst dir keine Gedanken machen, nicht planen und dir nicht überlegen, was morgen sein wird. Es heißt aber, dies alles ohne Angst tun. Du sollst sehen, was geschieht, ohne dich vor irgendetwas zu verschließen. Du sollst nach-denken, worüber nachzudenken andere vermei-den. Du sollst wach sein und nicht deine Zukunft verschlafen. Aber das alles, ohne dich zum Sklaven deiner Sorge und Angst zu machen. Kannst du das trennen? Du wirst es können müssen, willst du nicht dein ganzes Leben lang ein Gejagter bleiben.

Das Vaterunser, 76-77

Es ist gut, Zeit zu haben und lange hinzusehen auf die Erscheinungen dieser Welt, die Dinge, die Lichter, die lebendigen Wesen. Denn alles, und sei es noch so einfach, ist eine Hülle des Schöpfers. Er ist in jedem Stein, in jedem Blatt, in jeder Wolke, der Allgegenwärtige, in jedem Stück auch aus der Hand des Menschen. Wo anders sollte Gott sein?

Wo ist Gott? Er ist nicht im Unsichtbaren allein. Er ist nicht im Sichtbaren allein. Er ist uns am nächsten, wo Sichtbares und Unsichtbares ineinander übergehen, dort, wo die Dinge durchscheinend sind, wo Formen entstehen und vergehen, wo ein Wort laut wird und wieder Schweigen einzieht, an der Grenze, an der wir dem Geheimnis begegnen, uns selbst und Gott.

Alles Lebendige singt von Gott, 6 + 10

Seligkeit, dieses Leben in freundlicher Gelassenheit, ist das Wissen darum, dass es keinen Sinn hat, dem Glück in irgendeiner Richtung nachzulaufen, dass es vielmehr zu uns kommt. Dass das Gelingen eines Lebens nicht erwirkt, sondern erbeten wird. Und diese Sorglosigkeit ist die Antwort auf das Evangelium, auf das freundliche Wort, mit dem Gott uns anspricht.

Das Evangelium, I,11

Auch der Glaube hat seine Jahreszeiten, und die Stille des Winters ist nötig, soll daraus etwas erwachen und wachsen, reifen und Frucht tragen. Auch der Glaube braucht Zeiten, in denen die Worte enden, die Bilder des Glaubens schwinden, das Gerede, das Deklamieren und das Diskutieren aufhören und Schweigen einzieht. Stille. Zeiten des schweigenden Hörens. Des schweigenden Innewerdens von Gedanken, die aus Gott sind. Des Aufnehmens aus der dichten Gegenwart Gottes.

Was bleibt, stiften die Liebenden, 277-278

In dir sein, Gott, das ist alles.
Das ist das Ganze, das Vollkommene,
das Heilende.
Die leiblichen Augen schließen,
die Augen des Herzens öffnen
und eintauchen in deine Gegenwart.
Ich hole mich aus aller Zerstreutheit zusammen
und vertraue mich dir an.
Ich lege mich in dich hinein
wie in eine große Hand.
Ich brauche nicht zu reden, damit du mich hörst.
Ich brauche nicht aufzuzählen, was mir fehlt.
Ich brauche dich nicht zu erinnern
oder dir zu sagen, was in dieser Welt geschieht
und wozu wir deine Hilfe brauchen.
Ich will nicht den Menschen entfliehen
oder ihnen ausweichen.
Den Lärm und die Unrast will ich nicht hassen.
Ich möchte sie in mein Schweigen aufnehmen
und für dich bereit sein.
Stellvertretend möchte ich schweigen
für die Eiligen, die Zerstreuten, die Lärmenden.
Stellvertretend für alle, die keine Zeit haben.
Mit allen Sinnen und Gedanken warte ich,
bis du da bist.
In dir sein Gott, das ist alles, was ich mir erbitte.
Damit ist alles erbeten,
was ich brauche für Zeit und Ewigkeit.

Wie wir beten können, 19

Ein Seiltänzer führte seine Kunststücke vor. Einmal blieb er auf dem Seil stehen und rief:

»Glaubt ihr, dass ich eine Schubkarre nehmen kann, einen Mann hineinsetzen und ihn sicher über das Seil schieben bis an die andere Seite?«

»Ja! Ja!«, riefen die Leute.

Da rief der Seiltänzer einem Mann zu, der besonders begeistert Ja gerufen hatte:

»Sie da, kommen Sie herauf! Kommen Sie, Sie sollen mit mir über das Seil fahren!«

Der wurde bleich. »Nein! Nein! Ich nicht. Das ist etwas Anderes!«

Wenn ich Jesus höre, so sagt er: Nicht die werden ans Ziel kommen, die Ja sagen, sondern die, die tun, was das Wagnis fordert. Mach einen Versuch!

Aus einem Vortrag

Sorge dafür, dass die Menschen um dich her mutiger werden, als sie sind. Indem du Mut machst, verliert deine eigene Seele ihre Angst. Und du findest Gott dabei. Denn Gott ist es, der dir dein Leben gab und die Kräfte, die du brauchst. Und von ihm kommt aller Mut, der in dieser Welt am Werk ist.

Das Evangelium, III,47

Heraustreten in die freie Tat, heraustreten aus dem, was alle sagen, und eigene Schritte tun mit aufrechtem Stand und aufrechtem Gang, das ist der Weg in die Zukunft. Das heißt nicht, dass du das Vergangene verachten sollst oder Traditionen einfach wegwerfen. Woher willst du wissen, was du von deinen eigenen Erfahrungen halten sollst, wenn es nichts gibt, an dem du sie messen kannst? Stoße die Vergangenheit nicht ab oder die Tradition. Sie ist kostbar. Sie ist eine Stimme desselben Gottes, dem du auch in dir selbst begegnest. Aber lass das Vergangene nicht zur Last werden, die dich behindert oder erdrückt.

Das Evangelium, VI,72

Gedanken Gottes sind meine Kräfte und Begabungen, die Gefahren, die aus mir selbst kommen, die Verletzungen, die das Leben in mir hinterlässt. Was Gott aber denkt, bleibt. Geburt und Tod, wie Gott sie denkt, muss ich annehmen. Dass ich Mann oder Frau, Europäer oder Asiat bin, muss ich mitdenken, und niemand fragt, ob Gottes Gedanken mir gefallen. Ich kann nicht anders denken oder wollen als die Gedanken Gottes entlang, auch wenn ich es tausendmal versuche.

Erfahrung mit Gott, 196

Vier verschiedene Weisen, in denen wir Gott erfahren, schildert die Bibel. In vierfacher Weise fragen wir nach Gott: nicht zufällig, sondern weil wir Menschen so sind, weil unsere Seele vier Richtungen hat, weil unsere Sinne und Gedanken auf diese vier Richtungen angelegt sind.

Von außen, von Menschen oder von Traditionen her, dringen Worte an unser Ohr. Wie finden wir das Wort heraus, das uns angeht?

Von innen her formen sich unsere Gedanken und Erfahrungen zu Worten. Wie unterscheiden wir ein Wort von Gott und ein Wort, das wir selbst uns vorsprechen?

Bilder steigen in uns auf, aus der Tiefe unserer eigenen Seele, Träume und Sinnbilder beschäftigen uns. Haben sie eine Botschaft von Gott?

Eine Welt von Bildern und von Ereignissen tritt vor unsere Augen. Zeigt sich uns irgendwo dort draußen Gott?

Und, diese Frage wäre allen voraus zu stellen: Was müsste mit meinen Sinnen, meinen Gedanken, meinen Träumen und meinen Taten geschehen, damit ich mich zur Suche nach Worten und Zeichen Gottes eignete?

Erfahrung mit Gott, 134

Im winterlichen Schlaf und Traum unserer Seele können sich Türen öffnen, Türen nach innen, zu Träumen, zu Bildern, zu unbekannten Kräften. Der Stumme begegnet Stimmen, die ihm die Sprache wiedergeben. Der Einsame begegnet Gestalten, die ihn aus seiner Angst lösen. Der Erstarrte begegnet lebendigen Kräften, die sich ihm anbieten. Erzwungene Starre kann sich in erfüllte Ruhe wandeln. Denn du brauchst nicht ohne Rast zu wirken, zu widerstehen, zu kämpfen, aktiv zu sein. Es gibt Zeiten, in denen alles ruht und alles gut ist.

Was bleibt, stiften die Liebenden, 278-279

Ein Wort, zu einem Menschen gesprochen, kann ein Leben ändern. Es kann ein Wort von Gott sein, obwohl es ein Wort unter Menschen ist. Ein Wort kann an alle Menschen ergehen und doch mich selbst, mich unmittelbar, treffen. Ein Wort kann zufällig zu mir gelangen und mich doch völlig ändern. Die Übung, »in einem Wort anwesend« zu sein, die Übung des genauen Sagens und des genauen Hörens, kann ausschlaggebend sein für mein Schicksal. Sie kann auch grundlegend sein für all mein Nachdenken über Gott. Denn mitten in solchen Versuchen, in einem Wort anwesend zu sein, mag mir ein Gedanke »einfallen«. Vielleicht wird mir deutlicher, wer Gott ist. Vielleicht fällt mir ein, was diese und jene Erfahrung für mich bedeutet. Woher aber »fällt« denn ein Gedanke »ein«? Und wie sollte Gott je anders zu Menschen gesprochen haben als so, dass er in ihnen Gedanken formte, Erfahrungen klärte? Wie anders als so, dass sie im Umgang mit einem fremden Wort das Gehör gewannen, in den eigenen »Einfällen« die Stimme, die sie anging, von den vielen Stimmen, auch der eigenen, zu unterscheiden?

Erfahrung mit Gott, S. 176

er Tag ist vergangen. Was ich zu tun hatte, ist getan. Du, Gott, bist nahe. Nimm alle Hast von mir. Die Unruhe meiner Gedanken und das Hin und Her in meinem Herzen. Ich möchte dir stillhalten, dir, der so nahe ist. Unter deinem Schutz habe ich diesen Tag vollendet. Ich danke dir für alles, was du hast gelingen lassen. Segne, was gewesen ist. Der Tag ist vergangen. Lass ihn vergangen sein, und lass mich bleiben bei dir.

Wenn der Abend kommt, 34

ie Wahrheit sehen, in Worte fassen und aussprechen so, dass sie nicht erschlägt, sondern zum Leben hilft, das erfordert Weisheit und Gelassenheit, Humor, Ehrfurcht und Güte.

Wirkliche Kraft kann sehr zart sein, wirkliches Leben sehr verletzlich. Zerstören ist leicht. Aber ich habe nur so viel Liebe, wie ich dankbar empfange. Ich begreife nur so viel Wahrheit, wie Gott mir zeigt. Es ist nur so viel Licht in mir, wie er in mir schafft. Es ist ein ganzes Leben nötig, Ehrfurcht zu lernen vor der geringen Kraft.

Erfahrung mit Gott, 186, Die leisen Kräfte, 18

Was eigentlich ist die Zeit? Eine der Weisen, in der wir die Welt erfahren: Vergehend. Vergänglich. Entstehend und vergehend. Unumkehrbar. Sie ist Lebenszeit. Frist bewegten Lebens zwischen unbewegter Ewigkeit vor dem Anfang und nach dem Tode. Zeit, etwas zu werden. Zeit, etwas zu sein. Zeit, etwas zu tun. ❧

Was bleibt, stiften die Liebenden, 109

Will ich mich selbst ändern, so gilt die alte Regel, dass ich das nur kann, wenn ich zunächst angenommen habe, was und wer ich bin. Vielleicht kann ich meinem Körper helfen, gesünder und kräftiger zu werden, aber wenn ich dabei etwas erreichen will, muss ich mich zuvor mit ihm angefreundet haben. Gott hat mich mit natürlichen Fähigkeiten ausgestattet, andere hat er anderen vorbehalten. Es hilft mir nicht weiter, wenn ich ihn anklage dafür, dass er mir die anderen nicht auch gegeben hat.

Ich nehme nicht nur mich selbst, sondern auch mein Schicksal, das mir von irgendwoher zugeteilt ist, an. Es ist mir vergönnt, aber auch zugemutet, und ich werde mein Ja dazu finden müssen. Gott hat mir diesen Zeitabschnitt zugewiesen, in den ich hineingeboren bin. Es ist ohne Sinn, dass ich mich zurückträume in irgendeine gute alte Zeit, die es nie gegeben hat, oder voraus in eine herrliche Zukunft, in der sich alle Probleme lösen.

Quellen der Gelassenheit, 62-63

Wer weiß denn eigentlich, wie der Zusammenhang zwischen schöpferischen Vorgängen in der Tiefe der menschlichen Seele und dem Leib eines Menschen geartet ist? Hat nicht das Leben überhaupt die Tendenz, Unwahrscheinliches hervorzubringen, auf nie da gewesene Weise sich selbst fortzusetzen, das nicht Vorhersagbare zu verwirklichen? Ist das nicht sein Gesetz? Macht nicht eben diese letzte Undurchschaubarkeit eben das Leben aus? Und ist das »Unmögliche« rätselhafter, ist es schwerer deutbar als das, was sich scheinbar »normal« in naturgesetzlicher Regelmäßigkeit abspielt?

Erfahrung mit Gott, 312

Februar

Sei eine Tür und keine Mauer

Wenn die Sonne steigt,
wenn sie sich wendet,
bist du um mich wie der Lüfte Wehen.
Wenn ein Tag beginnt und wenn er endet,
wird, mein Gott, nichts ohne dich geschehen.

Alle meine Quellen sind in dir.
Alle meine Kräfte, all mein Leben.
All meine Liebe ist von dir gegeben.
Du bist alles, Gott, du lebst in mir.

Wenn ich frühe deine Schönheit preise,
schaue ich dein Bild in allen Dingen.
Wenn ich abends träume, hör ich leise
all die vielen Stimmen von dir singen.

Wenn ich durch die Stunden meiner Tage
deinen Wille suche zu erfüllen,
wenn ich müde werde, wenn ich klage,
wirst du mich in deinen Frieden hüllen.

Oft bist du mir abgrundtief verborgen.
Oft auch irre ich auf eignen Wegen.
Dennoch gib am Abend und am Morgen
mir und allen Menschen deinen Segen.

Der Singvogel, 12-13

Wer auf dem Weg zum Leben ist, sagt so:
Die Zukunft ist ganz und gar offen. Es
kann noch viel geschehen, das ich noch
nicht kenne, auch viel Rettendes, Helfendes. Ich
bin also gespannt, was morgen sein wird. Ich
baue keine Mauer um mich herum, sondern lebe
wie auf offenem Feld, wo der Wind aus allen
Richtungen zu mir kommt. Ich sichere meine
Freiheit nicht, sondern breite sie aus. Ich erwarte
trotz aller Gefahren, dass etwas geschehen kann,
das mir neu ist und die Lage ändert.

Der große Gott und unsere kleinen Dinge, 31

Viele Mauern, die uns einengen, bauen wir Menschen selbst. Jeder hat Mauern, natürlich, die er nicht selbst errichtet hat. Die Grenzen seiner Begabungen, seiner Fähigkeiten, seiner Tragkraft. Aber er ist auch eingemauert in den Geist seiner Zeit. Er denkt, wie man denkt oder wie man eben denken darf, und leicht ergibt es sich, dass er seiner eigenen Empfindung misstraut und seinem eigenen Gespür für die Wahrheit. Aber hinter jeder Mauer ist wieder ein Stück Erde, ziehen die Wege über neue Berge. Über jeder Mauer dehnt sich der Himmel. Über jede Mauer ziehen die weißen Wolken hinweg. Und keiner Mauer sollte man glauben, sie sei das Ende der Welt.

Unter dem weiten Himmel, 12

Wer nichts vor sich sieht als seine Probleme, wird nicht zum Leben kommen. Grübeln und Diskutieren machen nicht frei. Wer sich einmauert, wer Türen und Fenster schließt, durch den wird nichts hindurchgehen. Er wird Gott nicht zu Gesicht bekommen, auch wenn Gott dicht vor seiner Tür vorbeigeht. Wer durch die Welt geht in der Erwartung, Gott zu begegnen in allen Dingen, ihn zu hören in allem, was er hört, wird erkennen: Was das Leben hell macht und leicht, das ist Spiegel und Gleichnis Gottes.

Lass dein Herz atmen, 26

Wenn ich Jesus zuhöre, dann sagt er mir: Du kannst dich dehnen. Du kannst dich weiten. Aus deiner kleinen Zeit in eine große Zukunft. Aus dem kleinen Umkreis deines Lebens in das Gottesreich. Wenn du Menschen siehst mit ihren Schicksalen, ihren Ängsten und Irrtümern, dann dehne dich, weite dich aus deinem kleinen Ich hinaus in die Barmherzigkeit, in das Mitgefühl, in eine praktische, spürbare Liebe. Schotte dich nicht ab. Maure dich nicht ein. Öffne dich allem, was dir begegnet.

Wenn du einen Blick in die Weite tun willst, dann darfst du dich nicht vor der Mühe fürchten, einen Berg zu besteigen. ❧

Auferstehung, 85, Die goldene Schnur, 21

Niemand sollte sich daran hindern lassen, einem Menschen zu raten, ihm einen Weg zu zeigen oder von der Liebe Gottes zu sprechen, nur weil er für sich selbst keinen Rat weiß, keine Hilfe sieht, keinen Weg findet oder keine Stimme hört, die ihm von Gottes Liebe sagt. Denn immer wird es so sein, dass er, indem er einem anderen hilft, seinem eigenen Geschick neu begegnet und entdeckt, dass seine eigene Last nicht leichter, aber seine Kraft größer geworden ist.

Die Mitte der Nacht, 80

Wünschen möchte ich dir, dass du leben darfst und im Licht stehen, auch wenn es Winter wird. Denn die Jahreszeiten haben ihre Gesetze, und auch der Frost hat seinen Sinn. Auch die Liebe muss es aushalten, zuzeiten, dass sie schweigt, dass sie sich nach innen wendet. Auch der Glaube braucht Zeiten, in denen er schweigt und sich verschließt. Auch die Seele braucht Zeiten des Hörens, in denen Gottes Gedanken sie finden. Ich wünsche dir, dass du auch das Eis des Winters erlebst als eine Herrlichkeit von Gott.

Mehr als drei Wünsche, 36

Es gibt ein Gesetz im Leben, dass, wenn sich eine Tür schließt, eine andere sich auftut. Wenn aber die Türen, durch die wir im Leben gegangen sind, sich schließen, eine nach der anderen, dann lösen sich die Wände vor unseren Augen auf, in denen die Türen sich gedreht haben. Und die Welt wird groß. Das Licht einer anderen Wirklichkeit liegt über ihr, und unser Weg fängt noch einmal an.

Unser Leben ist keine graue Sackgasse mit nachtschwarzem Ende. Im Gegenteil. Dort, wo wir die dunkelste Stelle passieren, bricht das Licht auf. Unser Leben ist ein Gehen aus dem Dunkel ins Licht, aus dem Licht ins Dunkel und wieder und wieder von einem ins andere, und am Ende ein Gehen ins Licht. Dort, wo sich der Sinn des Ganzen offenbart, malt die Bibel Bilder aus Licht. Aus Feuer. Aus Kristall. ❧

Heitere Gelassenheit, 125
Auferstehung, 152

Ein verschlossener Mensch öffnet sich. Das ist Heilung. Der Gehemmte fängt an, sich zu äußern. Der Verdrießliche fängt an zu danken. Dem Distanzierten gelingt es, sich hinzugeben. Der Unzufriedene sieht, wie reich er ist. Der Vieldeutige gewinnt ein klares Gesicht. Der »alles recht gemacht« hat, wird ehrlich. Der sich festklammert an Positionen oder Dingen, lässt los mit den Händen und mit dem Herzen. Der immerfort über die böse Welt klagt, findet zum Erbarmen mit den Menschen. Der Durchsetzungstyp findet Wege zum Frieden. Der Könner wird zum Liebenden. Der Moralist lernt Freundlichkeit. Der immerfort alles selbst machen will, lässt geschehen, was ohne ihn geschehen soll. Wo du in dieser Liste vorkommst, musst du selber finden. Aber etwas muss geschehen, damit du gesundest.

Ich wünsche dir Genesung, 26

Wir Menschen leben wie die Ritter des Mittelalters in unseren Burgen und schirmen uns gegen alles, was uns verändern will und was wir als Angriff auf unsere Sicherheit empfinden, mit Mauer und Graben ab. Nur in einem Fall sind wir bereit, die Zugbrücke herunterzulassen und eine Nachricht entgegenzunehmen, die uns verändern will: wenn wir Vertrauen haben zu dem Menschen, der sie überbringt. So verändert Jesus die Menschen dadurch, dass er mit ihnen zu Tisch sitzt.

Erfahrung mit Gott, 183

Eine Umkehr, das kann man im Laufe seines Lebens begreifen, schafft man nicht durch Anstrengung, nicht durch Entschlüsse, nicht durch Vorsätze. Es ist bemerkenswert, dass Jesus die Menschen um sich her dadurch ändert, dass er mit ihnen zu Tisch sitzt. Er gibt den Gästen an seinem Tisch die Zeit und Freiheit, umzudenken. Sie wissen sich bejaht und beginnen zu hören. Denn Umkehr ist nicht ein gewaltsamer Neuanfang durch einen Entschluss, sie ist eine Hinwendung zu dem, der einlädt und der spricht. Sie ist der Beginn des Zuhörens. Umkehr ist eine Wendung von der Angst zum Vertrauen.

Der große Gott und unsere kleinen Dinge, 55

Wandlung kann heißen: Befreiung. In dem Maß, in dem du aus dem Gehäuse deiner Ichbezogenheit ausbrichst in das größere Maß, nach dem dir etwas Anderes wichtiger wird als du selbst, kann sich etwas in dir wandeln. Johannes sagt, in der Liebe sei keine Furcht. Furcht hast du, solange du dich festhältst. In dem Augenblick, in dem du dich hingibst, bist du frei davon. Du hast mehr Kräfte, als du meinst. Du hast mehr Phantasie, als du für möglich hältst. Mehr Liebe, als du dir zutraust.

Die goldene Schnur, 219

Rings um dich her siehst du Menschen, die irgendeine Last tragen. Geh hin zu ihnen und nimm sie ihnen ab, soweit deine eigenen Kräfte dafür ausreichen. Und mache sie damit auch fähig, selbst hinzugehen und andern ihre Last abzunehmen.

Jesus sagt: Ich bin die Tür. Wer durch mich ein- und ausgeht, findet den Frieden. Seid nun selbst Türen! Seid keine Mauern, lasst ein, was kommen will. Geht durch die Tür, die ihr selbst seid, mit freiem und weitem Herzen und großer, erwartender Zuversicht.

Das Evangelium, III, 27,
Dornen können Rosen tragen, 280

Niemand, der offenen Auges durch die Welt geht, kommt unversehrt durchs Leben, ohne das, was Gottfried Keller die »Grundtrauer« nennt.

Auf dem Grund der Seele jedes Nachdenklichen
ist eine Zone heimlicher Schwermut,
des dunklen Mitleidens mit allen jenen,
die sich aus dem Elend nicht erheben können.
Trauer darüber, dass die Welt nicht in Ordnung
ist. Dass am Ende jeder großen Bemühung des
Herzens zwar da und dort ein wenig Licht sein
wird, am Ende unseres Lebens aber so viel
Dunkelheit bleibt wie am Ende des Lebens
unserer Kinder und Enkel.
Liebe, um die es sich lohnt,
ist darum immer auch eine Art Abstieg.
Der Stärkere, der Gesunde, der Fröhliche
steigt ein paar Stufen hinab,
um dem Leidenden in seiner Angst
nahe zu sein. 🙢

Liebe ist ein Wort aus Licht, 38

Am Anfang steht nicht die überschwere Aufgabe. Am Anfang steht die Begegnung mit Jesus Christus. Am Anfang steht nicht unsere Bemühung, mit harter Arbeit und hartem Nachdenken der Zukunft ein wenig Hoffnung abzuringen; am Anfang steht Jesus Christus. An dieser Reihenfolge liegt nicht nur viel, an ihr liegt alles. An dieser Reihenfolge liegt es, ob in unser Nachdenken Hoffnung einziehen kann. Ob wir uns das Denken erlauben können, weil unsere Hoffnung der Zukunft standhält. Ob wir hoffen können und dabei frei bleiben von Weltflucht und bereit, das Unsere auf dieser Erde zu tun.

Eine Handvoll Hoffnung, 33

Es gibt Sternstunden im Menschenleben. Sie können so beginnen, dass zwei anfangen, miteinander zu reden, nachdem lange Zeit Schweigen zwischen ihnen gewesen war. Oder so, dass sie zu einem ernsthaften Gespräch finden, nachdem lange Zeit das Gerede hin und her gegangen war. Oder so, dass nach vielen Gesprächen einer sich ein Herz fasst und ausspricht, was ihm zuinnerst wichtig ist, was er glaubt, wovon er lebt. ❧

Das christliche Bekenntnis, 9

er das Leben liebt, bringt seine Lebendigkeit ein. Wer es sichern will, verbaut sich seinen freien Weg. Man kann das Leben nicht zementieren, man kann es nur leben. Man kann seine Freiheit nicht wie Tiefkühlkost konservieren. Man kann nur wagen, ein freier Mensch zu sein.

Der große Gott und unsere kleinen Dinge, 31

Die Sorglosigkeit, die Jesus uns zeigt, ist nicht der Gleichmut des Weisen. Nicht die Gefühllosigkeit dessen, der das Leben und die Menschen verachtet. Nicht die Harmlosigkeit dessen, der vom Verhungern der Vögel nichts weiß oder vom Verdorren der Blumen. Sie hat ihren Ursprung vielmehr auf dem Grund einer Hoffnung. Jesus wusste über den Menschen zu viel, um sich die Erlösung der Welt von menschlicher Selbstbehauptung zu versprechen.

Das Evangelium, I,11

Ich glaube, dass ich niemals so weit von Gott weglaufen kann, dass es nicht einen Rückweg gäbe, dass ich nie so tief fallen kann, dass ich nicht von seiner Hand aufgefangen würde, dass ich mich nie so fest an mir selbst festhalten kann, dass mich seine Güte nicht noch von mir frei machen könnte. Dass ich mich niemals so schrecklich in die Irre verlieren könnte, dass Gott mich nicht zurückholen wollte. Und wenn ich in einen Zustand gerate, der so ist, dass ich mich selbst hasse oder verachte, bleibt mir doch die Liebe Gottes und finde ich den Weg nach Hause. Er ist mir nahe, näher, als ich selbst mir bin. Er sieht mich, er hält mich in der Hand. Er ist wie die Luft, die mich umgibt und von der ich das Leben habe.

Das christliche Bekenntnis, 105-106

Wer etwas tun will, nicht weil es zweckmäßig ist, sondern weil es seinem eigenen Wesen entspricht, beginnt mit ganz anderen Mitteln zu denken. Er lässt sich auf Fragen ein, zu denen es keine Antwort gibt, sondern nur den Einsatz des eigenen Wesens. Er lässt sich auf die Frage nach dem Sinn ein. Er findet das Dasein fragwürdig und hält es aus, dass das Letzte, das er erreicht, wieder nur eine Frage ist. Er sucht nach der eigenen Herkunft. Er hält das Fragwürdige an der Welt, an Gott, an den Menschen und an sich selbst aus und siedelt sich mitten zwischen all dem an. Er geht mitten hinein in die Zone der Rätsel. Er entschließt sich – das heißt doch: er entriegelt, er öffnet sich –, einer Wahrheit nachzugehen, die er nicht einholen wird, die ihm aber, wenn es ihm beschieden ist, begegnen soll. Er bietet sich der Wahrheit wehrlos an in dem Vertrauen, dass sie sich ihm zeigen und sich an ihm auswirken werde.

Erfahrung mit Gott, 139

Jesus sagt mir: Sei ganz in dem, was du sagst. Sei ganz in dem, was du glaubst. Sei ganz in dem, was du liebst. Geh in die innerste Kammer deines Herzens und klopfe an die Wand. Es wird sich dir eine Tür öffnen. Dann geh durch diese Tür in einen Raum hinüber, der größer ist als dein Herz und in dem Gott auf dich wartet. 🙂

Das Vaterunser, 28

Der Widerspruch gilt: Wir sind einzelne Menschen mit ihrer eigenen Würde. Wir begegnen Gott als Einzelne. Und wir sind andererseits Wesen, die ohne die Gemeinschaft mit anderen Menschen nicht denkbar wären und nicht lebensfähig. Wir sind Wesen, die immer und in jeder Hinsicht in eine Gemeinschaft hineingestellt sind und Tag um Tag darauf angewiesen, dass es sie gibt.

Wir können uns alle nicht selbst am Leben erhalten. Wir können uns nicht selbst trösten. Wir können nicht unsere eigenen Liebhaber sein. Das Gebet aber ist in seiner vollständigen Form ein Netzwerk, in dem wir mit allem, was geschieht, und mit allen, denen es gegeben ist, verbunden sind.

Das Vaterunser, 28-29

Vertrauen und Hoffnung liegen nicht außerhalb unserer Reichweite. Vielleicht müssen wir die verbreitete Vorstellung vieler Christen hinter uns lassen, es sei unser Verstand, der uns den Weg ebnet. Vielleicht müssen wir erst einmal entdecken, dass wir unseren ganzen inneren und äußern Menschen einbringen müssen, wollen wir Vertrauen fassen oder Hoffnung gewinnen, unseren ganzen Menschen mit all seinen Erlebnissen und Erfahrungen, mit seinen Ahnungen und Traumbildern, seinem Wahrnehmen und Empfinden. ❧

Eine Handvoll Hoffnung, 8

Wer es mit der Hoffnung wagt, die Jesus zeigt, der sagt: Es gibt dunkle Mächte. Gewiss. Aber ich brauche mich nicht zu fürchten. Ich kann mit Plänen und Absichten scheitern und mit all meinem Tun und Wirken, aber ich bin getragen. Ich kann schwach werden, alt und krank, aber ich brauche nicht auf eigenen Füßen zu stehen. Es kann mir alles genommen werden, aber nichts brauche ich krampfhaft festzuhalten. Es liegt mir, was ich brauche, ungefährdet in der Hand. ❧

Das Evangelium, I,11

Wenn du einmal anfängst, dein Leben anders anzusehen als bisher, dann wird etwas Neues in dir wachsen. Denn in der Hilfe, die wir einem anderen gewähren, liegt oft die heilende Kraft für uns selbst. Ich habe es oft gesehen: Ein Gesicht gewinnt seine Schönheit durch die Güte, die ein anderer in ihm wahrnimmt.

Ich wünsche dir Genesung, 33

Die Wände zwischen der Welt der sichtbaren Dinge, der Farben und Gestalten, und jener größeren, die sie umgibt und durchdringt, sind durchscheinend. Nichts ist verschlossen. Wenn mir die Augen aufgehen, einmal, nach dem Gang durch die Zone des Todes, sehe ich, was mir ein Geheimnis war, und ich erkenne so klar, wie ich jetzt schon erkannt bin.

Alles Lebendige singt von Gott, 35

Das reine Herz spiegelt die Wahrheit. Es dient der Wahrheit, aber es wird das, so gewiss Christus die Wahrheit ist, nicht tun können, indem es für die Wahrheit streitet. Wer für die Wahrheit, die Christus heißt, eintritt, hat keinen Feind. Wer noch streitet, lebt nicht aus dem Evangelium. Die Wahrheit ist ein Licht. Sie leuchtet durch die Menschen hindurch wie durch ein Blatt am Baum. Wahrheit ist kein Knüppel. Mit Wahrheit schlägt man nicht zu. Wahrheit macht frei. Wahrheit fesselt nicht. Wahrheit engt nicht ein. Wahrheit nimmt Lasten ab. Wer anderen Lasten auflegt, legt ihnen Zumutungen von Menschen auf.

Lass dein Herz atmen, 30

Jesus prüft die Menschen nicht an ihrer Leistung, sondern bejaht sie zuvor. Er nimmt sie erst einmal ernst. Er schickt sie nicht in den Kampf, sondern schafft zuerst einmal Frieden in ihnen. Er beendet erst einmal den Streit, den sie in sich selbst durchfechten, und entlässt sie in den Frieden. Er segnet sie erst einmal und zeigt ihnen mit dem Segen, der von Gott kommt, den Sinn ihres Weges. Er verstellt ihnen nicht mit unerfüllbaren Forderungen die Zukunft, sondern gibt ihnen erst einmal die Hoffnung, dass das Reich ohne ihr Zutun kommt, ohne ihre Bemühung, dass sie aber in dieses Reich von Anfang an einbezogen sind.

Eine Handvoll Hoffnung, 32

Lebe du in mir, heiliger Gott.
Ich möchte nichts als da sein
und durch dich leben.
Ich will mich lassen, mich freigeben.
Ich möchte mich öffnen
und mich geöffnet in der Hand halten,
dir entgegen.

Wirke du in mir so,
das du mein Leben bist.
Sei du um mich so,
dass du meine Welt bist.
Durchdringe mich,
dass ich selbst unwichtig werde
und du allein bleibst.

Wie wir beten können, 49

März

Geh deinen Weg auf das Leben zu

Wenn ein Gott ist, höre, Gott!
    Höre mich, ich will dir klagen.
    Siehst du nicht, wie wir verzagen
vor dem Elend, vor dem Tod?
Höre, Gott, die Zeit verrinnt;
meine Jahr, mein Tag vergehen,
meine Kraft, mein Mut verwehen
wie ein dünner Rauch im Wind.

Fremd ist der mir, der ich bin.
Niemand kann ein Ziel mir zeigen.
Nichts dringt her aus deinem Schweigen.
Unbegreiflich bleibt der Sinn.
Warum so viel Not und Leid?
Wozu so viel Streit und Hassen?
Warum hast du uns verlassen
hier in Angst und Dunkelheit?

Bruder Christus, abgrundtief
hast du für die Welt gelitten,
einsam in der Hölle Mitten,
bis dich Gott ins Leben rief.
Du bist Gottes Angesicht.
Nur um deiner Liebe willen
will ich meine Klagen stillen,
Bruder Christus, Trost und Licht!

Der Singvogel, 72-73

Du gehst auf dem Weg, der dir zugewiesen ist. Du gehst unter einem weiten Himmel und bist hier zu Hause und überall, wohin dein Schritt führt. Vor dir ist das Licht. Alle Dunkelheit wird eines Tages hinter dir sein. Gott sagt: Zieh in Freude aus. Ich will dich in Frieden leiten. In der Freiheit meiner Kinder kommst du zum Ziel, und in meinem Licht wirst du vollendet werden. Es ist ein Weg da. Geh ihn. Ich bin bei dir.

Unter dem weiten Himmel, 45

*D*er innere Weg, den man durch sein Leben geht, verläuft selten eben oder gradlinig, und manchmal gibt es Abzweigungen nach rechts oder links, bis man den Hauptweg wieder findet. Aber es gibt etwas zu sehen und zu hören, zu erfahren und nachzudenken, und ich kann mir während des Gehens vielleicht meinen eigenen Reim machen auf mich selbst, auf Gott und die Welt und auf den Sinn meines Wanderns. Und dann und wann finde ich ein Zeichen an einem Baum, das mir sagt, ich sei noch immer auf der richtigen Spur.

Die goldene Schnur, 12-13

Es hat sich mir in all den Jahren erwiesen, dass der Weg zu Gott letztlich von einer großen Einfachheit ist, abseits von all unseren Denkbemühungen. Dass ich alle meine Gedanken auch niederlegen, aus meiner Gefangenschaft in meinen täglichen Pflichten mit einem kleinen Schritt heraustreten kann und sagen: »Vater im Himmel«. Und dass ich damit am Ziel aller Wege bin.

Dornen können Rosen tragen, 362

Wir hängen noch allzu sehr an der Vorstellung, die Kirche sei ein fest gemauertes Gebäude auf dieser Erde, zum Bleiben gemacht, überwölbt vom Himmel einer unveränderlichen, ewigen Wahrheit. Die Kirche ist aber eher ein Volk auf einer Wanderung, sie ist unterwegs, und wenn ihr die Wahrheit nicht an jedem Morgen neu aufgeht als Licht über ihrem Weg, dann irrt sie im Dunkeln. Wahrheit ist kein ewiger Besitz, sondern Nahrung, Hilfe, Licht, Weisung, Deutung auf dem Wege.

Erfahrung mit Gott, 387

Nicht was du erreichst, ist wichtig, wichtig ist der Weg selbst. Wichtig ist, wie du ihn gehst, wie du ihn findest oder verfehlst, wie du über Höhen und Tiefen deine Schritte setzt. Der Weg selbst ist das Leben. Und dieser Weg führt weiter als alle Erfolge und Misserfolge. Er hat seine Schönheit aus der Liebeskraft, die dir unterwegs zuwächst. Aus der Weisheit, die du findest, aus den Opfern, zu denen du bereit warst. Aus dem weiten Raum des Gottesreichs, durch den er geführt hat und in dem er weitergehen wird, wenn dein Leben auf dieser Erde endet. Nicht das Erreichbare oder das Erreichte ist wichtig, sondern das Gehen.

Lichter und Geheimnisse, 21

Ich weiß, dass es eine Grenze auch für alle frommen Worte gibt. Ich weiß, dass Menschen so über das Maß ihrer Kraft und ihres Glaubens geschunden und getreten werden können, dass ein Wort sie nicht mehr erreicht, und ein Wort, das von Glauben und Hoffen spricht, schon gar nicht.

Ich weiß aber auch, nein, ich glaube es – wenn überhaupt am christlichen Glauben ein Wort wahr ist –, dass kein Weg eines Elenden und Verlassenen im Elend und in der Verlassenheit enden muss. Womit man das belegt? Es gibt keinen Beleg außer der Liebe, die uns von Christus entgegenkommt, und der Liebe Gottes, von der er spricht. Wem sollten wir es abnehmen, wenn nicht ihm?

Die Mitte der Nacht ist der Anfang des Tages, 38

Es war nicht alles Sonnenschein, was du erfahren hast, und nicht alles ging ab ohne Bangen. Und doch sagt Jesus: Sorge nicht. Regen und Sonne kommen aus derselben Hand. Du kannst kein Haar auf deinem Kopf schwarz oder weiß machen mit deiner Sorge. Du kannst nicht planen, was kommt, du kannst es nicht wissen. Wenn das Wasser dunkel wird und die Wolken tief sind, dann vertraue, dass da einer ist, der dich führt. Wichtig ist am Ende, dass da einer ist, der deinen Weg weiß.

Dein Geburtstag sei ein Fest, S. 15

Das Herzstück des christlichen Betens ist das Vaterunser. Wenn du nicht weißt, was du beten sollst, dann lass diese Worte an dir vorüberziehen. Es kommt Ordnung in deine Gedanken, Klarheit in deine Seele. Frieden. Nimm eine dieser Bitten heraus und betrachte, was alles in ihr liegt. Du kannst am Ende sagen: »Du bist im Himmel. Ich bin auf der Erde. Du hast mich auf diese Erde gesetzt. Du behütest mich. Du begleitest mich. Zeige mir meine Wege. Ich danke dir, dass du da bist. Amen.« Mehr muss es nicht sein.

Die goldene Schnur, 195-196

Christus wird der Wegbruder sein, der mich stützt, der mir Vertrauen gibt und Zielgewissheit. Wenn er mit mir geht, wird es keine Stunde geben und keine Lage, in der ich ganz verlassen wäre. Wenn er neben mir geht, werde ich meinen Weg finden und die Kraft haben, ihn zu gehen.

Jeder Weg, den ich in dieser Welt unter die Füße nehme, ist ein Heimweg. Ich brauche nur ein paar Schritte aus dem Gehäuse meiner Selbstgenügsamkeit zu tun und bin unmittelbar im Haus des Vaters.

Dornen können Rosen tragen, 139,
Der große Gott und unsere kleinen Dinge, 56

Frühling – die Zeit der Erwartungen, des Knospens und des Blühens, des Erwachens und des steigenden Lichts. Wir leben nicht nur von dem, was uns reift, sondern auch von den Erwartungen, von den Hoffnungen, von den ersten Zeichen, die andeuten, es habe Sinn, Ja zu sagen zu dem Weg auf dieser Erde.

Was bleibt, stiften die Liebenden, 176

Glauben heißt, auf seinen eigenen Beinen stehen. Es heißt, einen Weg vor sich sehen und ein Ziel. Es heißt, Tatsachen anerkennen. Es heißt, unbefangen und ohne innere Bremsklötze auf Menschen zugehen können. Es heißt, zur Wahrheit stehen, die man erkannt hat. Es heißt, wieder aufstehen können, wenn man gestolpert ist. Es heißt, Angst, Leid, Schuld und Tod nicht verdrängen müssen. Es heißt, die Grenzen der eigenen Kraft erkennen. Es heißt, über Grenzen des Verstehens hinaus denken. Es heißt, sich öffnen für das, was uns von jenseits unserer Grenzen entgegenkommt. Und unter Christen heißt es: im Gespräch mit Gott leben.

Kriegt ein Hund im Himmel Flügel?, 83

Aus der Rede, mit der Jesus Abschied nahm:

Es ist nur eine kurze Zeit,
dann werdet ihr mich nicht mehr sehen.
Und es wird wieder nur eine kurze Zeit
vergehen, dann werdet ihr mich sehen.

Ihr werdet verzweifelt sein und klagen.
Aber eure Verzweiflung wird in Freude
umschlagen.

Eine Frau, die ein Kind zur Welt bringt,
hat Schmerzen und muss sie annehmen,
denn ihre Stunde ist da.
Wenn sie aber das Kind geboren hat,
denkt sie nicht mehr an ihre Angst und Qual,
sondern ist glücklich,
dass ihr Kind zur Welt gekommen ist.

Ihr seid jetzt traurig,
aber ich werde euch wieder sehen,
und euer Herz wird sich freuen.

Und niemand soll euch eure Freude
jemals wieder nehmen.

Johannes 16
Gib den Augen meines Herzens Licht, 150

S o viel, Vater im Himmel,
geschieht ohne sichtbaren Sinn.
Bewahre uns davor, zu sagen:
Es hat alles keinen Sinn.
Das ist die Versuchung, die wir fürchten.

Es ist so viel Lüge in der Welt,
Bewahre uns davor, zu sagen:
Es gibt keine Wahrheit.

So viel Leid geschieht, so viel Unheil.
Bewahre uns davor, zu sagen;
Es gibt keinen Gott, der es wahrnimmt.

So viel Gewalt tobt sich aus.
So viel Bosheit,
Bewahre uns davor, zu sagen:
Das Böse hat die Macht.
Die Gewalt hat Recht.

Führe uns nicht in die Versuchung,
an deiner Nähe zu zweifeln,
an deiner Macht und Herrschaft.

Führe uns nicht in die Versuchung,
deine Hand loszulassen,
uns in der Welt einzurichten
und uns mit Lüge, Gewalt und Unrecht abzufinden.
Halte du unsere Hand fest.

Wie wir beten können, 224

Christus, du hast gesagt:
    Solange ihr in der Welt seid,
    habt ihr Angst,
Du willst nicht die Kraftmenschen,
die keine Angst kennen.
Du hast selbst einmal gesagt: Mir ist Angst.
Aber dann bist du den Weg gegangen,
vor dem dir Angst war.

So hilf mir,
mich nicht zu wehren gegen die Angst,
sondern sie willig einzulassen
und mich mit meiner Angst zusammen
dir zu übergeben.

So habe ich Kraft für meinen Weg,
Gelassenheit in aller Unrast,
festen Grund unter den Füßen
und ein Ziel, dein Ziel, vor den Augen.

Du hast gesagt: Das sage ich euch zum Trost,
ich habe die Welt überwunden.
Klein will ich denken von dieser Welt
und groß von dir.

Wie wir beten können, 213

Ich lasse mich dir, heiliger Gott, und bitte dich: Mach ein Ende aller Unrast.

Meinen Willen lasse ich dir. Ich glaube nicht mehr, dass ich selbst verantworten kann, was ich tue und was durch mich geschieht. Führe du mich und zeige mir deinen Willen.

Meine Gedanken lasse ich dir. Ich glaube nicht mehr, dass ich so klug bin, mich selbst zu verstehen, dieses ganze Leben oder die Menschen. Lehre mich deine Gedanken denken.

Meine Pläne lasse ich dir. Ich glaube nicht mehr, dass mein Leben seinen Sinn findet in dem, was ich erreiche mit meinen Plänen. Ich vertraue mich deinem Plan an, denn du kennst mich.

Meine Sorgen um andere Menschen lasse ich dir. Ich glaube nicht mehr, dass ich mit meinen Sorgen irgendetwas bessere, das liegt allein bei dir. Wozu soll ich mich sorgen?

Die Angst vor der Übermacht der Anderen lasse ich dir. Du warst wehrlos zwischen den Mächtigen. Die Mächtigen sind untergegangen. Du lebst.

Meine Furcht vor meinem eigenen Versagen lasse ich dir. Ich brauche kein erfolgreicher Mensch zu sein, wenn ich ein gesegneter Mensch sein soll nach deinem Willen.

Ich lasse mich dir. Ich gehöre dir, Gott.

Du hast mich in deiner guten Hand. Ich danke dir.

Wie wir beten können, 191

Alles, ewiger Gott, kommt von dir:
Schutz und Gefahr, Licht und Finsternis
Ich danke dir, dass ich das weiß.
Nichts geschieht von selbst,
Dass es Tag wird, danke ich dir, und dass es
Nacht wird und der Tag ein Ende findet.
Nichts ist selbstverständlich,
was bei Tag oder Nacht geschieht.

Millionen Jahre waren, ehe es mich gab.
Jahrmillionen werden vielleicht nach mir sein.
Irgendwo in ihrer Mitte sind ein paar Sommer,
in denen für mich Tag ist auf dieser Erde.
Für diese Spanne Zeit danke ich dir.

Alles, was geschieht, ist ein Geschenk für mich,
Alle Wahrheit die ich verstehe, ist ein Geschenk.
Alles Liebe die ich gebe oder empfange,
alle Lebenskraft, die mich erfüllt.

Alles, was mir einfällt, ist dein Gedanke,
Von wo sollte es mir einfallen,
wenn nicht von dir?

Alles, was mir zufällt, ist deine Gabe,
von wem sollte es mir zufallen,
Wenn nicht von dir?

Alles, was mir schwer aufliegt, ist dein Wille,
für den ich dir danke.
Wer sollte es mir auflegen, wenn nicht du?

Gott ich danke dir, dass ich deinen Willen sehe,
und danke dir mit meinem ganzen Herzen.

Wie wir beten können, 167

Christus in seiner Abschiedsrede:

Wie mich mein Vater liebt,
so liebe ich euch.
Meine Weisung an euch besteht immer nur
darin, dass ihr die Liebe aneinander weitergebt,
die ihr von mir empfangen habt.

Niemand erfüllt das innere Gesetz dieser Liebe
vollkommener als der,
der für seine Freunde sein Leben hingibt.

Meine Freunde aber seid ihr in dem Maß,
in dem ihr das tut: Liebe weitergeben.
Ich sage nicht mehr, dass ihr Knechte seid,
denn ein Knecht erfährt die Absichten nicht,
aus denen sein Herr handelt.

Ihr aber seid meine Freunde.
Ich habe euch ausgewählt und dazu bestimmt,
zu den Menschen hinauszugehen
und meine Liebe weiterzugeben,
damit eure Arbeit einen Ertrag bringt,
der für die Ewigkeit vorhält.

Aus Johannes 15
Gib den Augen meines Herzen Licht, 151

Das Leben ist eine Reise, sagt man, und die Begegnung der Wandernden ist das Fest. Ich mag es gerne, wenn man das Leben als eine Wanderung ansieht. Die Wege sind lang, mühsam, steil, entmutigend manchmal, holprig und manchmal auch gesäumt von Blumen. Das Wasser wandert mit, die Sturzbäche. Die Vögel, Schafherden, die Wolken. Wegzeiger stehen wie hilfreiche Geister. Rastplätze. Hindernisse. Umwege.

Geh deinen Weg auf das Leben zu.
Wirf dein Herz voraus, und du bist mitten
im Reich Gottes.

Dein Geburtstag sei ein Fest, 10,
Der große Gott und unsere kleinen Dinge, 36

Dieser Tag geht zu Ende, und ich denke nach über meinen Weg. Ich mühe mich, zu lieben, und bleibe doch ein eigensüchtiger Mensch. Ich mühe mich, und doch bleibt alles beim Alten. Ich werde nicht besser in meinen eigenen Augen und nicht glaubwürdiger in den Augen der anderen. Ich rede von Freiheit und bleibe ein gebundener Mensch. Ich denke über meine Fesseln nach und bleibe gerade dadurch an sie gebunden. Ich suche zu klären, was gewesen ist, und bringe es gerade dadurch in Verwirrung. Du hast gesagt: Kommt her zu mir, die ihr mühselig und beladen seid. Herr, ich bin beladen mit mir selbst. Du hast gesagt: Wer zu mir kommt, den werde ich nicht hinaus stoßen. Herr, ich weiß: Ich bin zu Hause bei dir.

Wenn der Abend kommt, 25

Wenn du wissen willst, wohin dein Weg gehen soll, brauchst du dir nur auszudenken, was schön ist: Schön ist es für mich, einen Menschen zu haben, der bei mir bleibt und nicht wegläuft. Der mich so nimmt, wie ich im Augenblick sein kann. Der Zeit hat und Geduld, anzuhören, was er schon ein Dutzend Mal gehört hat. Der merkt, was jetzt gerade zu tun ist, einfach und praktisch. Der Humor hat, aber nicht den spöttischen, sondern den seltenen, der aus der Güte kommt. Der nicht alles weiß über Gott und die Welt, sondern noch nach Worten suchen muss, wenn er von dem redet, was wichtig ist.

Ich denke über das »Wasser des Lebens« nach, den Geist Gottes. Ich verstehe dabei, dass ich – langsam vielleicht – ein solcher Mensch werden kann, dass mein Ziel über das hinaus liegt, was ich jetzt bin.

Ich wünsche dir Genesung, 35

Glauben heißt, solange das Ziel nicht erreicht ist, unterwegs sein. Was darum der Glaubende hat, was er weiß, was er besitzt, das hat er auf dem Wege, und er hat es so, wie man auf einem langen Weg zu Fuß überhaupt irgendetwas haben kann. Nicht wie man Haus und Hof, nicht wie man schwere Schätze besitzt, sondern wie man leichtes Gepäck trägt. ✎

Erfahrung mit Gott, 39

Was immer dir und mir widerfährt – es läuft eine Linie durch unsere Jahre, gezogen von einer wissenden Hand. Es geschieht nichts »einfach so«. Es geschieht alles auf dich zu und auf mich. Was um mich her geschieht, redet zu mir. Was ich erfahre, will mich ändern. Was mir in der Hand liegt, ist ein Geschenk. Alle Wahrheit, die ich verstehe, alle Lebenskraft, alle Liebe, die ich empfange, hat mir einer zugedacht. Alles, was mir einfällt, fällt irgendwoher ein und meint mich. Alles, was mir zufällt, was man Zufall nennt, fällt mir zu. Was mir schwer aufliegt, ist mir auferlegt durch einen heiligen Willen. So öffne ich mich dem, was kommt. Oder besser: dem, der kommt in allen Dingen.

Dein Geburtstag sei ein Fest, 20

Mach dich frei von dem, was dich hat. Was du am hartnäckigsten festhältst, das fesselt dein Herz. Was ist wichtiger: der Weg oder das Gepäck? Je schwerer das Gepäck, desto kürzer wird der Weg sein, den du bewältigst. Wenn die Last zu schwer ist, erreichst du am Ende nichts mehr. Du verlierst am Ende alles, was du hast.

Nimm dich nicht so wichtig – das ist der Anfang auf dem Weg in die Freiheit, den Jesus Christus in seiner Bergpredigt aufzeigt. Und alles, was wir dagegen sagen, beweist im Grunde nur, dass wir uns noch immer unendlich wichtig nehmen. ❧

Evangelium, VI,74,
Der große Gott und unsere kleinen Dinge, 37

Am Bild eines Labyrinths kann deutlich werden: Ein Suchweg ist mir vorgezeichnet. Ich bin zuweilen der Mitte nah und habe doch noch einen weiten Weg zu gehen. Dieser Weg wird mich wieder von der Mitte wegführen bis an den Rand. Aber wenn ich meine, an den Rand geraten und der Mitte fern zu sein, dann kann sich erweisen, dass ich gerade dort unmittelbar vor meinem Ziel stehe.

Wenn ich auf meinem Labyrinthweg nach Gott frage, dann höre ich: Suche Gott in deiner eigenen Seele. Gehe ich aber in meine eigene Seele, so höre ich: Hier findest du ihn nicht. Er ist draußen bei den Menschen, vor allem bei denen, die deine Hilfe brauchen. Ich gehe also durch eine Kreisform und durchwandere sie in dem Vertrauen, das sei mein mir zugewiesener Menschenweg, und in dem Glauben, dieser Menschenweg habe die Verheißung, an das Ziel, das ich suche, nämlich das Sein in Gott, zu führen.

Dornen können Rosen tragen, 359-360

Brücken verbinden, was getrennt ist. Sie führen weiter, wenn der Weg endet. Sie tragen von einem Ufer zum anderen, überspannen Wasser, Schluchten, Täler. Wenn ich ein neues Ufer suche, muss ich über eine Brücke gehen. Wenn ich mit dem Fremden vertraut werden will, mit dem Neuen, muss ich hinübergehen. Brücken sind Gnaden auf dem Weg. Ein leichter Bogen oder feste Balken tragen mich über das Ende meines Wegs hinaus zum Anfang eines neuen. ❦

Dein Geburtstag sei ein Fest, 23

Wenn es denn darum gehen soll, ein Schicksal zu bestehen, also das Geschickte anzunehmen und dem Gesetzten gerecht zu werden, dann helfen weder Fluchtwege noch Kraftakte. Ins Freie würde nur ein Weg führen, auf dem der uns begleitet, der uns unser Schicksal zumaß. Ins Freie würde ein Weg führen, auf dem unser Lebenswille und unser Glücksverlangen sich mit unserem Auftrag verweben und verflechten ließen zu wirklichen Schritten auf der wirklichen Erde.

Erfahrung mit Gott, 200

er kurze Weg, der von dir zu Gott führt, kann sehr lang sein und sehr mühsam. Zuletzt wirst du ihn allein gehen müssen, zuletzt wirst du deine eigenen Augen auftun müssen, die eigenen Ohren und das eigene Herz. Du wirst vielleicht erst am Ende eines lebenslangen Weges wissen, wie nahe dir Gott ist. Dass nur das dein eigenes Leben war, was du selbst gelebt hast, und nur das Wahrheit ist, was dir selbst in hellen Augenblicken unterwegs aufgegangen ist.

Wer nie eine Entscheidung trifft, in der es um das Ganze geht, findet keinen Weg. Und manchmal hat er nur diesen einen Augenblick, um seine Wahl zu treffen.

Dornen können Rosen tragen, 25,
Das Evangelium, I, 2

laube ist die Festigkeit, mit der ich zu Anderen stehe, die Aufmerksamkeit, mit der ich auf meinen Weg achte, die Sorgfalt, mit der ich mein Ziel ansteuere. Glaube ist die Bejahung der Wirklichkeit, in der ich stehen und handeln soll, der Bestimmung, die mir gesetzt ist, des Auftrags, den Gott mir mitgegeben hat, auch der Zeit, in der ich zu leben habe.

Das christliche Bekenntnis, 95

Wort von Gott:

Fürchte dich nicht.
Ich befreie dich.
Ich rufe dich bei deinem Namen,
du bist mein.

Wenn du durch Wasser gehst,
bin ich bei dir,
inmitten von Strömen
halte ich dich fest.

Wenn du durch Feuer gehst,
wirst du nicht brennen,
und die Flamme
wird dich nicht versengen.

Ich bin der Herr, dein Gott;
ich mache das Meer still,
wenn seine Wellen brausen,
und schütze dich.

Ich zeige dir einen Weg
auf dem Grund des Meeres:
den Weg der Befreiten,
die erlöst sind von Angst.

Freude gebe ich dir
im Aufbruch,
auf dem Weg aber
Geleit im Frieden.

Aus Jesaja 42-53
Gib den Augen meines Herzens Licht, 172

Gott,
der Ursprung und Vollender aller Dinge,
segne dich,
gebe dir Glück und Gedeihen
und Frucht deiner Mühe,

und behüte dich,
sei dir Schutz in Gefahr und Zuflucht in Angst.

Er lasse leuchten sein Angesicht über dir,
wie die Sonne die Erde wärmt
und Freude gibt dem Lebendigen,

und sei dir gnädig.
Er löse dich von allem Bösen und mache dich frei.

Er sehe dich freundlich an,
er sehe dein Leid, er heile und tröste dich.

Er gebe dir Frieden,
das Wohl des Leibes und das Heil der Seele.

Amen.
Gott will es. Gott selbst.

So steht es fest
nach seinem Willen
für dich.

Nach dem Segen des Aaron, 4.Mose 6, 24-26
Gib den Augen meins Herzens Licht, 169

April

DER ANFANG DES GLÜCKS
IST DIE DANKBARKEIT

Wir stehen im Morgen. Aus Gott ein
Schein durchblitzt alle Gräber.
Es bricht ein Stein.
Erstanden ist Christus. Ein Tanz setzt ein.

Ein Tanz, der um Erde und Sonne kreist,
der Reigen des Christus, voll Kraft und Geist.
Der Tanz, der uns alle dem Tod entreißt.

An Ostern, o Tod, war das Weltgericht,
Wir lachen dir frei in dein Angstgesicht,
Wir lachen dich an, du bedrohst uns nicht.

Wir folgen dem Christus, der mit uns zieht,
stehn auf, wo der Tod und sein Werk geschieht,
im Aufstand erklingt unser Osterlied,

Am Ende durchziehn wir, von Angst befreit,
die düstere Pforte, zum Tanz bereit.
Du selbst gibst uns, Christus, das Festgeleit.

Der Singvogel, 74-75

Jesus sagt: Schau dir an, wie eine Quelle strömt. Ich gebe dir Wasser, und wer es aufnimmt, der wird selbst zu einer lebendigen Quelle. Das Herz wird lebendig, wenn das schöpferische, das Leben schaffende Wort durch das Herz geht. Und wenn einmal diese Quelle anfängt zu sprudeln, dann fängt das an, was ich das ewige Leben nenne, das Leben, das nicht irgendwann später anfängt, sondern schon jetzt in dir anfangen will, das Leben aus Gott. Das Schauen Gottes. Ein lebendiges Herz ist ein Herz, in das etwas eingeht und von dem etwas ausgeht. Es ist letztlich das von Gott durchströmte Herz. Und dieses Herz, das von Gott durchwandert wird, schaut Gott.

Lass dein Herz atmen, 6

Am Ufer sitze ich in der Dunkelheit des frühen Tages, ehe der erste Schein der Sonne in den Wolken oder am Rand des Sternenhimmels spürbar wird. Wenn das Licht kommt mit seiner geringen Helligkeit in allen den Farben, die uns in der Stunde vor dem Aufgang der Sonne berühren. In einem Hauch von Licht das Licht schauen. Licht glauben, wo fast kein Licht ist. Das Licht glauben, wo im geringsten Anflug von Helligkeit zu schauen ist, was Licht sei. Auferstehung glauben aus der Erfahrung kaum sichtbaren Lichts.

Die leisen Kräfte, 28

as ist das Einzige, was in dieser Welt letztlich wichtig ist: dass Gott in allem ist und alles in Gott. Dass das Dunkle, Rätselvolle, auch wenn unsere Augen es nicht sehen, aufgelöst ist in Licht. Dass du, Mensch, an dein Ziel kommst: in Gott zu sein. Ich habe Jesus gefragt: Wohin soll ich gehen? Hast du eine Richtung für mich? Was ist mein Ziel? Und ich höre ihn sagen: »Ich zeige dir dein Ziel in Spiegelungen und Gleichnissen. In Spiegelungen von Licht wie in strömendem Wasser, in Hell-Dunkel-Spielen wie in Scherben von Glas. Aber dann, dann wirst du das Licht schauen. Das Licht, Gott selbst.«

Lass dein Herz atmen, 40

Das Wasser hat viele Gestalten. Es wandelt sich ständig und ist das Grundelement des Lebens eben durch seine Wandlungsfähigkeit. Es erinnert mich, der aus dem Wasser und mit dem Wasser lebt, daran, dass ich an dieser Wandlungsfähigkeit teilhaben muss, wenn ich denn leben will. Jeder Tag fordert mich in einer neuen Gestalt, und ich gehe, wenn ich wohlberaten bin, mit in dem großen Spiel der Wandlungen. 🙚

Dornen können Rosen tragen 247-249

ie Bibel sagt in einem ihrer schönen Segensworte: »Gott gebe dir vom Tau des Himmels und von der Fettigkeit der Erde.« Und wenn, was von oben zu dir kommt, dir Leid bringt, Klage und Tränen, dann möge doch die Frucht der Erde in dir gedeihen. Denn dieses Gesetz gilt für alles Lebendige: dass da eine Spannung ist und eine Nähe zugleich zwischen fröhlicher Kraft und der Mattigkeit der Klage. Im Glück lernen wir es verstehen. Und vielleicht ist dies ein Geschenk des Glücks: die Einsicht, wie nahe der Segen, der von oben kommt, dem Leid auf dieser Erde ist.

Wo das Glück entspringt, 25

Was ich dir wünsche? Nicht, dass du so groß wirst wie ein Baum, so stark oder so reglos. Aber dass du hin und wieder nach oben schaust, wo die Kronen sind und der Himmel. Dass du stehen bleibst und nicht immer weiter rennst. Dass du stehen lernst und wachsen wie ein Baum. Denn du bist nicht am Ziel. Du hast die Kraft in dir, die auch im Baum ist: die Kraft zu wachsen. Du bist noch zu etwas berufen. Bleib stehen. Schau nach oben und fühle die Kraft aus Gott, die wachsen will in dir.

Mehr als drei Wünsche, 17

Dass dir irgendwann im Leben die Augen aufgehen, ist nötig, wenn das Glück dir bleiben soll. Die Augen für das, was gilt und bleibt und worauf sein Glück zu bauen Sinn hat. Die Augen, die hinaussehen über diese enge Welt in die Welt der Auferstehung und des Lebens aus Gott.

Wo das Glück entspringt, 43

Wenn dir daran liegt, nicht zu vertrocknen, zu erstarren oder zu verkümmern, sondern immer wieder eine neue Gestalt zu gewinnen, dann achte darauf, dass du nicht deine eigene Gestalt meinst, sondern eine Gestalt des Daseins, die außerhalb deiner wächst und gedeiht und in die du dich eingibst. Indem du dich wandelst, bewirkst du das Bleibende. 🙢

Dornen können Rosen tragen, 251

ie Wandlung selbst hat viele Gestalten.
Sie kann als Wachstum erscheinen,
Wachstum von einem Zustand in den
nächsten, vom Engeren zum Weiteren, vom Klei-
neren zum Größeren. Sie kann auch Wiederher-
stellung des Ursprünglichen sein, Heilung nach
seiner Störung oder Zerstörung. Sie kann die
Richtung meinen von einer undeutlichen
Anfangsgestalt hin zu einer sich allmählich offen-
barenden Zielgestalt. ᥰ

Dornen können Rosen tragen, 251

Wirklich wird ein Mensch nicht dadurch, dass er auf sich selbst einkurvt, sondern dadurch, dass er eine Herausforderung annimmt. Ein Mensch wird der, der auf seinen eigenen Beinen steht und die Herausforderung durch das, was ihm begegnet, annimmt. Ein Mensch, der etwas durchsteht. Der zu dem steht, was ihm zum Schicksal geworden ist. ❧

Kriegt ein Hund im Himmel Flügel?, 62

An einem Ufer stehe ich und sehe, wie Gebirge am Himmel aufquellen oder vergehen, wie Türme von Wolken sich aufbauen. Ich fühle die Kräfte, die da am Werk sind. Ich kann diese Energien nicht malen. Ich kann sie nicht schildern, auch wenn ich weiß, wie es zugeht da oben. Aber ich empfinde sie. Ich kann stärker werden, indem ich sie aufnehme. Ich stehe in einem Kraftfeld. Ich lebe aus ihm. Und ich weiß: Da sind Kräfte, von denen unsere Schulweisheit nichts weiß, Kräfte aus Gott.

Die leisen Kräfte, 14

Erlösung des Menschen heißt Erlösung zu einem freien, klaren, bewussten Stehen, und dies gerade, weil ihm das Trotten, das Rennen und Fallen, das Stolpern und Herumliegen so viel näher liegen als das Stehen.

Das Stehen Jesu vor seinen Richtern ist eine lebenslange Einübung wert. Es ist nicht nur der »aufrechte Gang«, den die Menschen nach Bert Brecht lernen sollen, es ist mehr, denn dieses Stehen bezieht immer das große Du ein, dem wir über alle unsere irdischen Machthaber und Richter hinaus in Wahrheit gegenüberstehen. Es ist die Haltung, in der ein Mensch sein Geschick annimmt und »zu ihm steht«, wissend, dass der Gott, der es ihm zumisst, sein Heil, seine Freiheit, seine Erlösung will.

Erfahrung mit Gott, 200-201

Was da zu hören ist und nachzusprechen, das ist ein Wort, das aus uns verschlossenen Menschen freie Geschöpfe, Söhne und Töchter Gottes machen will, fähig, das Netz auszuwerfen und aus der Tiefe des eigenen Daseins einen Reichtum zu bergen, von dem wir nichts wussten und den wir nicht finden konnten, es sei denn, er selbst, der so zu uns spricht, schaffe ihn in unserer Seele.

Erfahrung mit Gott, 101-102

Wenn jemand anfängt, beim Namen zu nennen, was für ihn wichtig ist, dann spricht man unter Christen von einem Bekenntnis. Wenn jemand die Türen und Fenster seiner Seele aufstößt und den Augen eines anderen zu sehen erlaubt, was wirklich in ihm ist, hinter allen Masken und Fassaden, dann spricht man unter Christen davon, er »offenbare« sich. Unter Christen gelten solche Bekenntnisse und Offenbarungen als lebensnotwendig. Sie können ein Zeichen dafür sein, dass ein Mensch mit sich selbst ins Reine kommen will, mit den Anderen und mit dem Dasein, in dem er steht.

Das christliche Bekenntnis, 10

Es ist viel zu tun. Ich weiß. Aber da höre ich das leise Wort: Komm! Fahr hinüber in die Stille. Versuch es: anlegen am Ufer der unhörbaren Gegenwart des Meisters. Dort zwischen den Steinen stehen, verletzlich. Einwurzeln und vielleicht erwachen wie eine Blüte. Ich weiß, viel ist zu tun. Aber nichts tun und alles geschehen lassen ist nötiger. Ist mehr.

Am Ufer der Stille, 4

*D*as Glück gedeiht nicht nur an blauen Sommertagen. Eine seiner Quellen kann auch, zuweilen, die tobende See sein. Vielleicht wächst in dir, wo du eine Herausforderung annimmst, ein Geschenk des Glücks: die Kraft, auf den eigenen Beinen zu stehen.

Wo das Glück entspringt, 20

Viele sagen: Ich werde glücklich sein, wenn ich reich bin oder gesichert, wenn ich geliebt bin und anerkannt, wenn ich gesund bin und mir nichts mangelt. Und in der Tat liegen hier Elemente des Glücks. Aber wenn nicht in uns selbst etwas lebendig ist, quillt das Glück nicht auf die Dauer. Rings um uns wandelt sich alles, und wir werden glücklich sein, wenn wir uns dem Gesetz der Wandlungen überlassen. Niemand bleibt, wie er ist, und nichts bleibt um uns her. Und wer festhalten will, was jetzt ist, wird das Glück verlieren.

Wo das Glück entspringt, 15

Der Anfang des Glücks ist die Dankbarkeit, denn die Dankbarkeit ist das Ende des Neids und der Armut.

Erfahrung mit Gott, 330

ies vielleicht ist die Wurzel der Krankheit, die sich in unserer Zeit ausbreitet: eine Art Lähmung der Seele: Mich liebt keiner, höre ich. Wie soll ich lieben können? Ich bin gehemmt, wie sollte ich auf andere zugehen? Ich kann andere nicht begleiten, ich habe ja selbst keinen Menschen. Ich kann nichts tun – wer tut denn schon etwas für mich? Ich kann niemand aufnehmen, ich habe kein Haus. Ich habe selbst nichts, wie soll ich andere bewirten? Ich bin unglücklich, wie soll ich andere glücklich machen? Und da geht Jesus durch die Reihen. Er spricht nicht vom Himmel herab. Er kommt als schlichter Mensch durch die Tür mit der Heilkraft seines Worts.

Was bleibt, stiften die Liebenden, 131-132

Ich kann mich jenen nicht anschließen, die in allen Fällen des Lebens den Willen des Meisters an dem messen, was glücklich macht. Ich kann mich ihnen nicht anschließen, obwohl ich weiß, dass es auf dieser Welt viel zu wenig Glück gibt. Es gibt vielmehr so viel Jammer, Leid und Elend, dass auch ich wünschte, wir Christen könnten Glück schaffen und vermehren, und es scheint mir durchaus ein christliches Tun, ein Kind fröhlicher oder einen alten Menschen zufriedener zu machen. Aber dennoch: Nur, wenn man das Leben ganz und gar nicht kennt – und auch Jesus nicht –, kann man meinen, das Glück sei in allen Fällen das wichtigste Gut.

Erfahrung mit Gott, 420

Gott, mein Herz will nicht Geltung,
nicht Macht.
Meine Augen schauen nicht nach Ruhm
und nicht nach Reichtum aus.

Ich gehe nicht mit großen Plänen um
und nicht mit Träumen über Dinge,
die über mein Vermögen gehen.

Ich sinne nicht über Geheimnissen
und nicht über Rätseln,
die mir zu wunderbar sind.

Mein Herz ist still,
und Frieden ist in meiner Seele.

Wie ein gestilltes Kind,
das bei seiner Mutter schläft,
wie ein gesättigtes Kind,
so ist meine Seele still in mir.

Ich vertraue allein dir,
heute und in Ewigkeit.

Nach Psalm 131
Gib den Augen meines Herzens Licht, 57

Ich wünsche dir und mir ein wenig von dem, was man Altersweisheit nennt, also die Weisheit, die unserem Alter entspricht. Jedes Alter hat seine Weisheit. Weisheit ist ja nicht Routine oder Wissen, sondern einfach ein weites und nachdenkliches Herz. Ein Wissen um die Grenzen und ein Wissen um die Wege. Man kann Erfahrungen bedenken und zu Einsichten gelangen. Was muss denn anders werden an mir, bis ich über die nächste Brücke gehe? Man kann von Kindern lernen, wie wichtig die Kleinigkeiten sind. Man kann mit seinen Gedanken spielen. Denn die Gedanken wollen, wie Kinder und Hunde, zuweilen, dass man mit ihnen spazieren geht.

Dein Geburtstag sei ein Fest, 32

Gelassenheit ist eine Art anhaltender Geistesgegenwart, die den Horchenden und Schauenden souverän macht, unabhängig, vornehm, gesammelt und bescheiden zugleich. In der Gelassenheit liegt das Vertrauen, dass die Klaviatur des Lebens nicht nur eine Oktave umspannt, sondern mehrere, über die Hörfähigkeit eines menschlichen Ohrs hinaus unendliche. Und dass ihre Töne unser Ohr finden in dem Augenblick, in dem sie uns bestimmt sind.

Heitere Gelassenheit, 82

Was uns unserer Bestimmung näher bringt, ist nichts als die Gnade. Ein wenig Dankbarkeit und Freude werden erschwinglich sein, ein zaghafter Glaube, ein unvollkommener Gehorsam, der in einigen menschlichen Selbstverständlichkeiten bestehen mag, ein wenig Güte zu denen, die gleich uns unansehnlich sind, und vor allem eine zitternde Hoffnung, es möge uns am Ende die Gestalt des auferstandenen Christus zuteil werden und Gott sein großes Ja sprechen zu unserem kleinen Bemühen. Denn dies macht die Demut eines Menschen und sein Glück zugleich aus: sein Wissen, nein, sein fester Glaube, dass am Ende alles, was gut ist, Gnade sein wird.

Erfahrung mit Gott, 322

Was in den Jahren geschehen ist, liegt in mir, als wäre ich ein See, und spiegelt sich in meinen Gedanken. Und vielleicht wird einmal ein Gebet daraus. Vielleicht so: Wenn ich zurücksehe, spiegelt sich in mir deine Güte wie ein Gipfel im Wasser. Tage des Glücks, Tage der Liebe spiegeln sich. Ich bin reich geworden durch dich. Ich danke dir. Tage der Angst, des Elends, der Verlassenheit spiegeln sich. Du hast mich hindurchgeführt.

Dein Geburtstag sei ein Fest, 18

Ich will dich rühmen, mein Gott.

Alles, was in mir ist, mein Herz
und mein Geist, soll dich rühmen.

Ich will dich rühmen und nicht vergessen,
was ich Gutes von dir empfing.

Du vergibst mir meine Schuld
und machst heil, was zerbrochen war in mir.

Du hast mir das Leben geschenkt,
als es schon verloren schien.

Mit deiner Güte schmückst du mich
wie mit einer Krone.

Du erneuerst meine Kraft
wie das Gefieder eines Adlers.

Du siehst meine Schwachheit,
und du weißt, dass ich Staub bin.

Meine Lebenskraft ist wie Gras,
ich blühe wie eine Blume auf dem Feld.

Wenn der Wind darüber weht,
bin ich nicht mehr,

unbekannt bin ich
der Stelle, an der ich blühte.

Deine Gnade aber bleibt
Ewigkeit um Ewigkeit.

Nach Psalm 103
Gib den Augen meines Herzens Licht, 123/124

Ich höre im Lärm des Tages eine ferne Musik.
Sie sagt, alles sei gut.

Ich weiß, dass mein Leben seinen Ursprung in
Gott hat,
und dass es in Gott zum Ziel kommt.
Dieses größere Leben
versuche ich in langen Stunden einzubringen,
in denen ich meine Arbeit tue.

Gott wird mir eines Tages einen Segen zusprechen
Und sagen: Lebe! Sei lebendig
und tu das Deine in meiner größeren Welt!

Das zu wissen soll mir genügen.
Alles ist Gnade.

Die Urkraft des Heiligen, 442

Was meine Zukunft bringen wird,
weiß ich nicht.
Ich muss es nicht wissen.
Ich bin in Gott. Ich werde in Gott sein.
Ich ruhe in der Ruhe Gottes Das genügt mir.

Leid und Unglück sind nicht das Letzte.
Wenn die Nacht vorüber ist, kommt der Tag.
Er wird mich in Licht verwandeln.

Ich gehe an den Tisch,
an den Jesus seine Leute eingeladen hat.
Das Haus ist offen. Der Tisch ist frei.
Er ist gedeckt. Ich werde zu Hause sein.

Die Urkraft des Heiligen, 441

Nur einer kann mir helfen.
Ich lasse den Kopf nicht hängen.
Ich hebe ihn und schaue auf zu dir,
über die Berge hinauf zu dir.

Du hast den Himmel gemacht und die Erde,
und mein kleines Schicksal kommt von dir.

Du gibst meinem Schritt Klarheit,
Sicherheit und Kraft.

Du behütest mich. Du bist mir nahe.
Du schläfst nicht.

Du bist ein kühler Schatten
dem Wanderer in der glühenden Wüste.

Keine Gefahr kann mich bedrohen
im Sonnenlicht, da ich mein Werk tue,
oder bei Nacht, da ich ruhe.
Ich bin behütet.

Du geleitest mich, wenn ich etwas anfange,
und in allem, was ich vollende.

Wenn ich mein Haus verlasse,
du bist da,

und wenn ich zu dir heimkehre,
bist du um mich.

Heute gilt es.
Es wird auch gelten in Ewigkeit.

Nach Psalm 121
Gib den Augen meines Herzens Licht, 143

Mai

DIE STAUNENDEN UND LIEBENDEN
LEBEN GESEGNET

Geist aus Gott, wir bitten dich:
Wecke uns das Ohr und sprich.
Komm und wirke öffentlich.

Der du Sturm genannt und Wind,
komm, dass wir dir gleich gesinnt
und des Sturmes Kinder sind.

Der du Brand und Feuer heißt,
wir sind kalte Asche meist.
Sei die Glut in unserem Geist.

Der du Weisheit heißt und Rat,
stärke selbst uns Wort und Tat.
Mache unsre Wege grad.

Der in einer Taube Flug
Botschaft aus der Höhe trug,
mach uns wie die Taube klug.

Licht, das diese Welt erhellt,
schaffe, wenn es dir gefällt,
uns dir gleich zum Licht der Welt.

Der Singvogel, 77

Wenn jemand mich fragt, wer denn der Mensch sei, antworte ich: Der Mensch ist das Wesen, dem heiliger Geist zugedacht ist, das bestimmt ist, offen zu sein, das die Tür durchschreitet vom einen zum anderen mit dem Wort von der schöpferischen, heilenden, vergebenden Güte Gottes. Der Mensch ist nicht zu bestimmen dadurch, dass man ihn gegen das Tier abgrenzt und zeigt, wie anders, wie viel mehr er sei. Er ist zu bestimmen vom Geist Gottes aus, den er empfangen und weiterreichen soll. Jede andere Bestimmung bleibt unterhalb des Menschen.

Erfahrung mit Gott, 269

Komm Schöpfer, Heiliger Geist!
Durch dich wird die Welt geschaffen.
Schaffe weiter an ihr.
Verbinde, was zerfällt.
Wecke, was unfruchtbar ist. Verjünge, was alt ist.
Gib uns Augen, das Licht zu sehen,
das geschaffene und das ungeschaffene.
Gib uns Kraft, Frucht zu bringen
und uns zu freuen mit Leib und Seele.

Löse das Erstarrte.
Mach uns lebendig, die wir erstarren in Angst.
Gib Mut den Verzagten,
Hoffnung den Niedergeschlagenen,
Freiheit den Verschuldeten,
Glauben allen, die sich nach Glauben sehnen.

Gib den Stummen ein Wort, den Liebenden ein Wort
der Liebe, den Dankbaren ein Wort des Danks,
den Wahrheitssuchenden ein Wort der Wahrheit.
Gib den Misstrauischen ein Wort des Vertrauens
und allen, die nicht wissen, wie sie dich preisen sollen,
ein Wort, dich zu preisen, mein Gott.

Mache die Toten lebendig, dass die Kraftlosen sich
aufraffen, die nicht stehen können, sich aufrichten,
die nicht gehen können, Schritte tun, die keinen Weg
wissen, den Weg finden, den du zeigst,
Die keinen Sinn sehen, ihr Ziel schauen.

Komm Gott Schöpfer, Heiliger Geist!
Wie wir beten können, 47

ie Liebe Gottes wendet sich mir zu, sie grenzt an mich. Sie bricht in mir auf. So ist Auferstehung ein Geschehen aus der schaffenden Kraft der Liebe Gottes. Wir werden also, was Auferstehung sei, nicht sagen können, wenn nicht die schaffende, lebendige Kraft, die wir »Liebe Gottes« nennen, in uns selbst die Anfänge solcher Auferstehung geschaffen hat.

Auferstehung, 106

Gnade kann man nicht erklären und nicht herbeizwingen. Wir empfinden sie, wenn etwas gedeiht, gelingt, wächst, blüht. Gnade ist in jeder Begegnung. Wer kann machen, dass er gerade diesem Menschen begegnet? Das Schönste, das wir werden können, ist, Instrument der Gnade zu sein, und die Liebe ist die schönste Gestalt der Gnade.

Vielfarbiger Dank, 29

Wenn das liebende Herz Gott schaut, so schaut es nicht, wie er im Himmel in einem Thronsaal auf einem goldenen Stuhl sitzt. Es sieht ihn in den Menschen, in den fragwürdigen, den krummen, trotz allem, und kann sie lieben. Es schaut ihn in seinem Tun im eigenen Schicksal, dem unverständlichen, dem schweren, trotz allem, und kann es annehmen, und vielleicht ein wenig lieben.

Gott lieben heißt gerade nicht, alles hinnehmen, wie es ist und wie es kommt. Gott lieben heißt Leiden fruchtbar machen, damit das Leiden mehr bedacht und die Liebe in der Welt verstärkt wird, es heißt Leiden von den Menschen abwehren und die Welt verändern mit dem Ziel, Leidende vom Leid zu erlösen.

Erfahrung mit Gott, 238
Lass dein Herz atmen, 14

Unter den Kräften,
    die das Menschenherz wecken,
        erfüllen und begeistern,
ist sie die mächtigste.

Unter den Geheimnissen,
die ihm seine Not schaffen,
seine Trauer, seine abgründige Sehnsucht,
ist sie die tiefste.

Die Liebe ist Licht und Dunkelheit,
Tag und Nacht, Sommer und Winter,
Klarheit und Rausch,
Freiheit und Fessel zugleich.

Sie ist mächtig,
und sie macht wehrlos.
Sie wirkt Frieden und Wandlung,
sie bringt Reichtum
und fordert das Opfer.

Der Liebende ist frei wie der Geliebte.
Er ist seiner selbst gewiss,
weil er geliebt ist.
Darum aber ist er sich selbst nicht wichtig
und geht auf im Geliebten.

Was bleibt, stiften die Liebenden, 17 + 21

*D*ie wirkliche Liebe sagt: Ich kenne die Stellen in dir genau, an denen du unsicher bist, darum will ich dort stehen und dich halten. Sie sagt: Ich sehe deine Fehler, darum will ich dort, wo deine Fehler sind, bei dir sein. Wo solltest du mich nötiger brauchen als dort? Ich weiß, dass du kein Held bist. Ich sehe dein Misstrauen und deine Sorge, darum will ich dir dort, wo deine Angst ist, beistehen. Und so, wie du wirklich bist, bist du unersetzlich für mich. Diese Liebe ist der Anfang des Friedens.

Der große Gott und unsere kleinen Dinge, 59

Lieben, das heißt: dem Anderen gestatten, dass er seiner eigenen Absicht nachgeht, dass er seine eigenen Pläne fasst und verwirklicht. Es heißt sehen, wie im Anderen etwas aufbricht und sich ausdehnt, von dem man vielleicht noch gar nicht weiß, was daraus werden soll. Es heißt, ihm helfen, dass er das wird, was er werden kann, auch wenn es zunächst fremd ist und anders, als man bisher meinte, ihn zu kennen. Lieben heißt, auf dem Weg sich rechtzeitig umsehen, ob der Andere auch mitgehen will, es heißt, wenn er nicht will, mit ihm zusammen einen anderen Weg suchen. Einen gemeinsamen. 🙢

Was bleibt, stiften die Liebenden, 218

*E*in Mensch ist ein Wesen, das befähigt ist zur Liebe durch den lebendigen Gott, der die Liebe ist. Er ist das Wesen, das befähigt ist, Menschen so zu lieben, dass sie selbst zur Liebe erwachen.

Christliche Meditation sucht nicht die Höherentwicklung des Meditierenden. Ihr Ziel ist nicht der Weise, der dem Irrtum und der Unrast der Anderen enthoben ist, sondern der Liebende und Vertrauende, der dem ein Nächster zu sein vermag, der eines Nächsten bedarf.

Erfahrung mit Gott, 277,135

Jeder Liebende ist bereit, sehr viel zu glauben, wenn es um seine Liebe geht. Niemand kann einem Anderen vertrauen, wenn er nicht glauben will, und niemand kann Plänen nachhängen oder auf die Zukunft hin leben, ohne zu glauben, dies zu tun sei sinnvoll. Wer Glück sucht, bedarf der Freiheit. Wer aber Freiheit wählt, muss glauben können, dass er im offenen Raum dennoch Halt und Geborgenheit hat. Glaube ist die Bereitschaft, es mit der Liebe zu wagen und sich der Freude zu überlassen. Glaube ist das Ja zum Leben überhaupt.

Wenn du liebst, bildet sich um dich her ein Netz von Menschen, ein Netz von Vertrauen, von Beziehungen, von Freundschaft, von Nachbarschaft, ein Netz von Güte und Erbarmen. Und wo ein solches Netz entsteht, dort geschieht Gottes Wille. 🙢

Erfahrung mit Gott, 33, Auferstehung, 120

Die Liebe und das Glück gelingen, wo du etwas weißt, das dir wichtiger ist als du selbst. Wo dir ein Mensch wichtiger ist als du selbst. Liebe, Freundschaft, Nähe, Vertrauen und die gewisse Leichtigkeit, mit der du durch all das hindurch leben kannst, sind die zartesten und verletzlichsten Geschenke, die das Leben für dich hat. Und das Glück, das sie bringen, wird solange bei dir bleiben können, als du ihm Raum gibst. Begegne dem Leben insgesamt mit Güte. Güte meint, dass einer es mit dem Leben, wie es ist, gut meint. 🖎

Quellen der Gelassenheit, 66

So spricht Gott:

Ich will dir wie ein Tau sein,
das du blühen sollst wie eine Lilie.

Deine Wurzeln sollen ausschlagen wie eine Linde
Und deine Zweige sich ausbreiten.

Du sollst so schön sein wie ein Ölbaum
und so guten Geruch geben wie eine Linde.

Korn soll dir wachsen,
und blühen sollst du wie ein Weinstock.

Man soll sich an dir freuen
wie am Wein aus dem Libanon.

Hosea 14, 6-8
Gib den Augen meines Herzens Licht, 168

Ein Mensch ist ein Wesen, das befähigt ist zur Liebe durch den lebendigen Gott, der die Liebe ist. Er ist das Wesen, das befähigt ist, Menschen so zu lieben, dass sie selbst zur Liebe erwachen. Denn das ist die Grenze, an der zu wirken Christus seine Jünger beruft: die Grenze zwischen dem Tod und der Liebe. Der Mensch an der Grenze, die ihm erreichbar ist, ist das Wesen, das sich binden lässt um der Freiheit anderer willen. Er ist – entgegen allem, was wir über ihn zu wissen meinen – der zur Liebe Fähige. Der Mensch will geglaubt sein. Wer den Menschen beschreibt als den, den er sieht, greift zu kurz.

Erfahrung mit Gott, 251

ehe ich genau zu, was Jesus als wichtigste »Werte« vorlebt oder empfiehlt, so komme ich auf zwei: Der Eine ist die Liebe. Der Andere ist der Verzicht auf eine Position, auf einen Status, und diesen Verzicht bezeichnen wir traditionell als Demut. Liebe ist die Grundbewegung, die von Gott her in unsere Welt herein geht und die durch dich hindurch weitergehen soll und darf. Demut meint: Diese Liebe kommt, wenn sie von dir ausgeht, nie von oben herab. Sie geht erst ein paar Stufen tiefer, so dass sie, wenn sie dem Anderen begegnet, immer eine Stufe tiefer steht als der Andere. Der Verzicht auf den Status des Gerechten, dessen also, der Recht hat, der großzügig auftritt, der den anderen auf irgendeine Weise erniedrigt oder beschämt, ist der zweite Grundwert, den Jesus vertritt.

Das Vaterunser, 89-90

Willst du Menschen ändern, so musst du sie lieben. Du kannst sie belehren, aufklären, aktivieren, erziehen, anklagen, verurteilen, ausgrenzen. Ändern wirst du sie nur als ein Liebender. Ändern wirst du sie nur, wenn du ihnen einen Ort gibst, an dem sie empfinden, sie könnten da zu Hause sein.

Das Evangelium III, 40

Willst du in Gott sein, so nützt kein Gedanke, kein Höhenflug des Geistes. Gott ist auf alle Fälle höher, weiter, tiefer, größer. Nur die Liebe ist es, die ihn berührt. Die Liebe, die dankbare, des von ihm geliebten Menschen. Nur in der Liebe bist du umfangen von der Helligkeit seiner Wahrheit. Und willst du eins sein mit einem Menschen, so hilft kein Wissen, keine Erfahrung, keine Wissenschaft und keine tätige Bemühung. Alle runden Urteile sind zu rund für einen Menschen und sein Geheimnis. Nur die Liebe ist es, mit der du ihn verstehst. Nur die Liebe ist es, in der du eins bist mit ihm.

Was bleibt, stiften die Liebenden, 112-113

Die Liebe Gottes ist unbestechliches Wissen, aber eben ein Wissen, das nicht verachtet, nicht richtet, nicht verstößt, nicht erniedrigt. Weil Gott groß ist und weil seine Größe Liebe ist, hat es Sinn, dass er alles weiß. ❧

Erfahrung mit Gott, 22

Es gibt – ohne allen christlichen Glauben – eine Bedingung, unter der die ewige, angstvolle Frage nach dem Sinn unter den Menschen zur Ruhe kommt: dass ein Mensch sich geliebt weiß und dass seine Liebe gebraucht wird. Das ist kein Beweis für die Liebe Gottes, aber es ist ein Zeichen, wie es um uns Menschen und den Sinn unseres Lebens bestellt ist. ❧

Die Mitte der Nacht, 49

Jesus deutet an: Wenn du andere lieben willst, musst du dich verschwenden. Das ist leicht, wenn du geliebt bist. Ich gebe dir meine Liebe, damit du sie weitergeben kannst und zur Liebe fähig werden. Gelingt dir das, so kannst du glauben, ins Nichts treten, abspringen von dir selbst. Frei werden. Endlich frei. Aber festgehalten von der Liebe Gottes über dem Abgrund.

Das Evangelium, VII,82

Was ich dir wünsche? Nicht, dass du der schönste Baum bist, der auf dieser Erde steht. Nicht, dass du jahraus, jahrein leuchtest von Blüten an jedem Zweig. Aber dass dann und wann an irgendeinem Ast eine Blüte aufbricht, dass dann und wann etwas Schönes gelingt, irgendwann ein Wort der Liebe ein Herz findet, das wünsche ich dir.

Mehr als drei Wünsche, 13

Wer zu Jesus kam, brauchte nicht nachzuweisen, dass er sich geändert habe. Er empfing die Freiheit, sich zu ändern, und wurde mit dem Wort entlassen: »Geh in den Frieden!« Beende nun allen Krieg, dir selbst und den Anderen gegenüber, denn Gott hat allen Unfrieden beendet, und du hast, wenn du mit mir sprichst, in Wahrheit mit Gott zu tun. Wenn ich dich annehme, darfst du glauben, dass Gott dich annimmt. Nimm nun auch du selbst dich an. Versuche, Gott dafür zu danken, dass du bist, wie und was du bist. Wie solltest du deinen Nächsten lieben können wie dich selbst, wenn du gegen dich selbst Krieg führst?

Erfahrung mit Gott, 18

Wenn jemand sich einmal vorgenommen hat, täglich zehn Dinge schön zu finden, dann begegnet er täglich nicht nur zehn, sondern viel mehr schönen Dingen. Und das ist nun Nahrung für die Seele, Atem für die Seele, Heilmittel und Wohltat. Er lernt, und das ist das Wichtigste, wenn jemand in dieser Welt etwas von Gott wahrnehmen will, das Staunen und das Lieben. Die Staunenden und Liebenden leben gesegnet. Sie finden, was schön ist, auch in den Menschen, und sie können die Menschen, diese seltsamen Lebewesen auf Gottes Erde, auch ein wenig lieben.

Heitere Gelassenheit, 100

Es ist die Liebe, durch die besteht, was du tust, in den Augen Gottes. Denn was bleibt, stiften die Liebenden durch die Kraft, die der liebende Gott in ihnen wirkt.

Wenn du nach dem Sinn fragst, den unser seltsames Leben haben mag: Ich kenne ihn nicht. Vielleicht werde ich ihn einmal wissen. Aber ich denke, du und ich, wir werden ihm am nächsten kommen, wenn wir lieben und wenn wir uns und unsere Suche nach Erklärungen nicht gar so wichtig nehmen.

Was bleibt, stiften die Liebenden, 205
Die goldene Schnur, 240

Der Liebende denkt nicht Macht ausübend, sondern »berührend«. Er sucht etwas, das er nicht zwingen, dem er aber begegnen kann, das nicht so sehr Nutzen als vielmehr Sinn birgt, das nicht so sehr die Welt als vielmehr ihn selbst verändern wird. Er erkennt es, sein Gegenüber, indem er es sorgsam »berührt« oder sich von ihm berühren lässt. Auf diesem Wege gelingt das große Kunstwerk. Auf diesem Wege gelingt Güte. Wer vertraut, denkt so, wer hofft, wer spielt, wer sich erinnert. Und eben diese Weise, zu denken, macht ihn zum Menschen.

Erfahrung mit Gott, 139-140

Die Liebe ist eine Kunst, durch die das Leben groß und weit wird, so groß und so weit, dass das ganze Schicksal eines anderen Menschen in ihm Raum findet. Niemand von uns kommt liebesfähig auf die Welt, aber jeder ist berufen, ein Liebender zu werden. Liebe doch einmal wirklich mit Herz und Verstand und lege nicht so viel Wert auf dein eigenes Glück! Gib aus! Du wirst erleben, dass es dich reich macht. Wenn du Liebe erleben willst, dann liebe mit der ganzen Konsequenz, deren du fähig bist. 🐾

Kriegt ein Hund im Himmel Flügel?, 61

Glücklich sein, heißt empfangen, was das
Herz braucht. Und Erfüllung finden
heißt, gebraucht zu werden und geben zu
können, was nur die Liebe zu geben vermag.

Es sind auch unter uns Menschen nicht die
großen Heldentaten, die der Freundschaft oder
der Liebe den Sinn geben. Ein praktischer Rat ist
es schon eher, ein Hinweis, eine Warnung, eine
kleine Nachsicht, freundliches Beiseitelegen von
etwas, das schief ging. Das ist es, was wir vonein-
ander brauchen.

Die Mitte der Nacht, 50
Vielfarbiger Dank, 32

Der Name eines Geliebten, wenn ein Liebender ihn ausspricht, ist ja mehr als nur eben dieser Name, er ist wie eine Hand, in der der geliebte Mensch ruht, wie ein Schutz, in dem Liebe und Leid bewahrt sind. Ein Name wird ausgesprochen, und der Verlaufene findet heim; der sich selbst Entfremdete findet zu sich selbst; der an sich selbst irre Gewordene weiß sich angenommen.

Im Grunde ist der christliche Glaube eine Liebesgeschichte. Liebe verschafft man sich ja nicht, man erlebt sie, man ist von ihr überwältigt, man ist in ihr glücklich. Wer je eine wirkliche Liebesgeschichte erlebt hat, weiß, dass sich dabei alles ändert, dass da plötzlich alles wie in Wärme und Helligkeit getaucht ist. Wer liebt, fängt an zu glauben – sonst kann er nicht lieben. Und wer glaubt, lebt wie ein Liebender.

Erfahrung mit Gott, 265
Dornen können Rosen tragen, 385

Wir sehen, Gott, auf deine Hand,
die uns den neuen Tag gesandt
und mit der Frühe Flügelschlag
aufrichtet, was da schlafend lag.

Du gibst der Welt das Sonnenlicht,
die Freude und die Zuversicht.
Mach licht das Herz, so sind wir dein
als deines Lichtes Widerschein.

Du gibst uns deinen guten Geist,
den Tröster, der uns trösten heißt.
Nun tu durch unser Wort dich kund,
so sind wir deines Geistes Mund.

Wirf aus durch uns des Friedens Saat,
stärk uns den Mut und hilf zur Tat,
so geht dein Segen aus ins Land
durch deine Hand und unsre Hand.

Der Singvogel, 92

Wir preisen dich, Geist aus Gott!
Leite, treibe uns, bewege uns.

Denn nicht der Geist der Furcht
ist uns bestimmt, sondern der der Kindschaft.

Sind wir Kinder, so sind wir Erben
deiner himmlischen Herrlichkeit.

So nehmen wir leicht
die Leiden dieser Zeit.

Mit uns aber wird alle Kreatur
frei werden von der Vergänglichkeit.

Denn auch die Schöpfung klagt mit uns
und sehnt sich.

Ja, Freiheit steht ihr bevor,
die Freiheit der Kinder Gottes.

Denn alle Geschöpfe seufzen
und sehnen sich nach Erlösung.

Auch wir sehnen uns wie sie
und warten auf dein Heil in Geduld.

Am Ende aber wird Christus der Älteste sein
Unter vielen Geschwistern.

Aus Römer 8
Gib den Augen meines Herzens Licht, 163

Ich bitte von Herzen
Gott, unseren Vater,

dass er dir Kraft gebe
aus dem Reichtum seiner Kraft,

dass du stark wirst
durch den Geist am inneren Menschen,

dass du durch den Glauben
Christus wirst in deinem Herzen

und festen Grund gewinnst
in der Liebe, die dich erfüllt

und mit der Gott dich umfängt
jetzt und in Ewigkeit.

Nach Epheser 3
Gib den Augen meines Herzens Licht, 173

Juni

LEGE DEINE GEDANKEN
AUF DIE SEITE

Dich rühmt der Morgen. Leise, verborgen
singt die Schöpfung dir, Gott, ihr Lied.
Es will erklingen in allen Dingen
und in allem, was heut geschieht.
Du füllst mit Freude der Erde Weite,
gehst zum Geleite an unsrer Seite,
bist wie der Tau um uns, wie Luft und Wind.
Sonnen erfüllen dir deinen Willen,
Sie gehn und preisen mit ihren Kreisen
der Weisheit Überfluss, aus dem sie sind.

Du hast das Leben allen gegeben,
gib uns heute dein gutes Wort.
So geht dein Segen auf unsern Wegen,
bis die Sonne sinkt, mit uns fort.
Du bist der Anfang, dem wir vertrauen,
du bist das Ende, auf das wir schauen,
Was immer kommen mag, du bist uns nah.
Wir aber gehen, von dir gesehen,
in dir geborgen durch Nacht und Morgen
und singen ewig dir. Halleluja.

Der Singvogel, 17

Wenn du deine Stunden mit Unwichtigem verbringst, kommst du leicht zu der Meinung, du habest keine Zeit. Wenn du sie mit dem verbringst, was jetzt wichtig ist, wirst du feststellen, dass der Augenblick, in dem du dich einem Menschen zuwendest, immer übrig bleibt und dass er gut angewandt ist. 🙝

Die goldene Schnur, 36

Schweigen möchte ich, Gott
und auf dich warten.

Schweigen möchte ich, damit ich verstehe,
was in deiner Welt geschieht.

Schweigen möchte ich,
damit ich den Dingen nahe bin,
allen deinen Geschöpfen,
und ihre Stimme höre.

Ich möchte schweigen,
damit ich unter den vielen Stimmen
die deine erkenne.

Ich möchte schweigen
und darüber staunen,
dass du für mich ein Wort hast.

Gott, ich bin nicht wert,
dass du zu mir kommst,
aber sprich nur ein Wort,
so wird meine Seele gesund.

Wie wir beten können, 15

Zu den wichtigsten Übungen für dich, wenn du auf deinem inneren Weg weiterkommen willst, gehört, mit deinen Gedanken umzugehen und möglichst vielen auf die Spur zu kommen. Sie einzuholen, sie zu stellen, sie zu prüfen. Und dann selbst weiterzudenken auf Bahnen, die du selbst deinen Gedanken vorzeichnest. Die Inder sagen: »Die Gedanken sind wie Affen, die in deinem Gehirn wie in einem Baum umherturnen.« Stell dich also still vor den Baum, fange einen nach dem anderen ein, betrachte sie einen Augenblick und setze sie neben dir auf der Erde. Behalte sie aber im Auge, denn sie sind schnell wieder oben im Baum. Aber streite nicht mit ihnen, beschimpfe sie nicht. Sie sind ja nicht deine Gegner, sondern deine eigenen Gedanken. Nimm sie und setze sie still und freundlich und im Frieden auf die Seite.

Die goldene Schnur, 77

Die gefalteten oder aneinander gelegten Hände beim Beten bedeuten: Ich will jetzt nichts tun. Ich will nichts erreichen. Ich bin in Gott. Wenn wir die Hände ausbreiten und schalenförmig nach oben öffnen, sagen wir damit: Ich weiß, dass ich alles, was gut für mich ist, empfangen muss. Und Gott wird mir geben, was ich brauche. Wenn ich still und ruhig werden will, um beten zu können, dann sage ich damit: Der ganze Betrieb, in dem ich den ganzen Tag über lebe, soll beendet sein. Gott kommt in die Stille, nicht in die Hektik. Seine Stimme ist leise und nicht laut. Ich warte darauf, dass er mich besucht und mich segnet.

Kriegt ein Hund im Himmel Flügel?,. 136

Glaube nichts nur deshalb, weil es dir ein Anderer sagt, sondern erfahre und denke selbst und lass dich überraschen von dem, was dir dabei widerfährt. Erwarte nichts von Anderen, was du nur selbst finden kannst, stelle niemanden als Heiligenfigur in die Landschaft, sondern stehe selbst. Sei selbst jetzt und hier und ganz und gar offen und bereit. Sei anwesend. Und sei überzeugt: Je selbstverständlicher du anwesend bist, desto dichter und näher wirst du das Geheimnis Gottes erfahren. Deine eigene Seele ist dir nicht so nah wie Gott.

Dornen können Rosen tragen, 23/25

Wir leben selten mit unserer Zeit und in unserer Zeit. Es ist eher so, dass wir durch sie hindurch getrieben werden. Wir warten auf sie, wir füllen sie mit Leistung, wir vertrödeln sie, und alles ohne ein wirkliches Maß.

Manchmal möchte man wissen, wie man entscheiden soll, was richtig wäre, was notwendig. Aber man weiß es beim besten Willen nicht. Dann kann es gut sein, nach innen zu sehen und nach innen zu horchen. Ob da nicht eine Stimme ist, die sagt: Wichtig ist jetzt dies. Notwendig ist jetzt jenes. Aber das ist nicht nur dann eine Hilfe, wenn du eine Entscheidung triffst, es ist auch, wenn du darauf achtest, der Weg zum Glück.

Die goldene Schnur, 35
Meine Gedanken sind bei dir, 21

Zeit aussparen zum Nichtstun. Wann willst du sonst nachdenken? Zeit aussparen, um Lohnendes zu lesen. Zeit aussparen, um nur einfach da zu sein, und gewähren lassen, was geschieht. Alles, was kommt, aufnehmen wie einen Gast und es beherbergen, bis es weitergeht. Mit Gott und dem Schicksal in Frieden leben. Anklagen und Vorwürfe führen zu nichts. Den Tod weder wünschen noch verdrängen. Er kommt ganz von selbst, wenn es Zeit ist.

Dein Geburtstag sei ein Fest, 36

Nichts ist dir so ausschließlich und nur dir anvertraut wie deine Zeit. Nichts wird dich so persönlich prägen wie deine Zeit des Tuns und des Lassens. Bitte Gott nicht, er möge dir mehr Zeit geben; bitte ihn vielmehr um die Kraft und Gelassenheit, jede Stunde mit dem zu füllen, was notwendig ist. Bitte ihn darum, dass du ein wenig von dieser Zeit freihalten kannst und darfst von Befehl und Pflicht, ein wenig für Stille, für das Spiel, für die Menschen am Rande deines Lebens. Jede Stunde ist ein Streifen Land, den du öffnen kannst mit dem Pflug deiner Arbeit. Wirf Liebe hinein, Gedanken, Gespräche, Trost und Segen für viele, damit am Ende etwas wie Frucht gewachsen ist.

Die goldene Schnur, 39

Abseits gehen ist nötig. Mit offenem Herzen und wachen Augen. Formen und Farben sehen in ihrer unendlichen Mannigfaltigkeit. Stimmen hören, leise oder laut, klingend oder klagend, drohend, warnend, lockend. Denn alles, was lebt, hat eine Stimme. Wer sie hören will, muss abseits gehen, einsame Wege, unbegangene, auf der Tagseite der Welt und ihrer Nachtseite. Er wird ihnen antworten auf seine Weise, und es wird weiter werden in ihm und um ihn her. Abseits gehen ist wichtig.

Die leisen Kräfte, 3

Sei anwesend. Sei bewusst dort, wo du jetzt bist, innerlich oder äußerlich, und nicht anderswo. Lebe bewusst in der Stunde, die jetzt ist, und nicht irgendwo in deinen Erinnerungen oder in deinen Plänen. Sei dir nicht voraus und nicht hinter dir her. Lebe jetzt, im jetzigen Augenblick, und bringe deinen ganzen Menschen mit – so wie er jetzt ist.

Dornen können Rosen tragen, 73

Das Schweigen möchte ich lernen. Vielleicht lerne ich, ein lautloses Wort zu hören und ihm zu antworten, Sichtbares wahrzunehmen und durch das Sichtbare hindurch zu sehen. Vielleicht gewinne ich die Kunst, in einem einfachen Ding mehr zu sehen als das Ding, in einem Stein mehr als den Stein, in einem Blatt mehr als das Blatt, in einem Menschen mehr als nur den Menschen und also in der Welt mehr als nur die Welt der Sinne.

Die leisen Kräfte, 4

Was von Gott her geschieht, kommt eher leise als laut. Der Erlebende wird es erst wahrnehmen, wenn es geschehen, wenn es vorbei ist, und wird nur mit Mühe etwas Fassbares festhalten können.

Es mag wohl sein, dass Gott oft in deiner Türe steht und du nicht zu Hause bist. Wer im Schweigen horcht, wird Gott, wenn er es will, hören. Er wird seinen Schritt erkennen, der aus der Stille an sein Haus kommt. ೋ

Erfahrung mit Gott, 261
Die goldene Schnur, 68

Wenn ich irgendwo stehe, unterwegs bin, am Tisch sitze, auf einer Bank in einem Park oder in einer alten Kirche, dann sage ich nichts weiter als »Vater«. Und sogleich fangen die Gedanken an, zur Ruhe zu kommen und sich zu ordnen. Dann fängt eine starke, heilige Nähe an, sich um mich zu schließen. Ich sage: Du bist da. Nichts weiter. Oder: Danke. Und sogleich tauche ich ein in seine dichte Gegenwart. Ich rede nicht viel. Was ich denke, weiß er. Worunter ich leide, sieht er. Was mein Herz bewegt, hört er. Ich schließe einen Augenblick die Augen und bin in Gott. ❧

Das Vaterunser, 20

Übe dich in der Fähigkeit, sofort alles aus der Hand zu legen, wenn du die Hausglocke hörst. Unterbrich deinen Brief, den du eben schreibst, mitten im Wort, lege deine Schere weg, wenn dich jemand ruft, und versuche nicht, dies oder jenes schnell noch zu tun. Nimm den Hörer ab, wenn das Telefon schellt, und warte nicht bis zum sechsten Läuten. Denn jetzt ist die Zeit da, der Ruf, und nicht in zehn Sekunden. Wann »es« Zeit ist, sagt ja nicht die Uhr, das sagt dir die Wachheit, mit der du jetzt lebst und handelst. Und es bringt nicht etwa eine neue Hektik, sondern eine große Gelassenheit gegenüber dem, was uns im Augenblick wichtig scheint.

Dornen können Rosen tragen, 75

Es ist eigentlich seltsam: Unser Leben besteht in einem ständigen Reden. Aber kaum je kommen die Gedanken über unsere Lippen, um die es sich wirklich lohnt. Kaum je geschieht es, dass einer sagt: Lass uns von dem reden, wofür wir wirklich dankbar sind. Was wir wahrhaft lieben. Was der Grund ist, auf dem wir stehen, abgesehen von allem, was uns misslingt und was uns danebengeht. Was das Wichtigste ist zwischen uns. Es sind die wunderseltenen Augenblicke.

Aber im Grunde sind dies die eigentlichen Lichtpunkte in unserer Lebenszeit. Die Augenblicke, um die es sich lohnt, dass sie gelebt werden. Und sie sind wichtig und schön, auch wenn dabei eine tiefe Traurigkeit nach oben kommen sollte, eine zitternde Angst oder eine lähmende Ratlosigkeit. Sie sind die Augenblicke, in denen zwischen uns Menschen wirklich etwas geschieht.

Das christliche Bekenntnis, 10

Du bist voll mit tausend Dingen, die dich beschäftigen, die nötig sind oder unnötig, die dich jedenfalls anfüllen wie ein überfülltes Möbellager. Lege deine Gedanken auf die Seite. Lass alles hinter dir. Lass in dir einen Raum entstehen, in dem sich so wenig wie möglich abspielt. Sei leer. Sei so leer, wie ein Mensch eben nur sein kann, und sei nicht täglich und stündlich voll von dir selbst. ⟡

Dornen können Rosen tragen, 73

Es gibt Übungen auf dem Weg zur Stille. Den Regen am Fenster hören und nichts hören wollen als das Schlagen der Tropfen. Tag um Tag schauen, wie eine Zimmerpflanze wächst oder eine Blume sich öffnet. Nichts sehen als das Licht in der Farbe eines Blattes. Einen Spinnwebfaden, vibrierend im Licht, sehen, lange Zeit. Nichts erwarten, nur mit allen Sinnen dort sein, wo das geschieht.

Am Ufer der Stille, 27

Ein Forscher berichtet von einer Expedition im Inneren Afrikas. Eingeborene tragen in langen Kolonnen sein Gepäck. Er hat es eilig und treibt die Leute zu immer schnellerem Gehen an. Aber an einem Nachmittag setzen die Träger sich nieder, und es hilft kein Zureden, kein Befehlen, kein Drohen. Ein Dolmetscher fragt nach dem Grund und erhält die Antwort: »Wir müssen warten, bis unsere Seelen nachgekommen sind.«

Die Mitte der Nacht, 22

Wir brauchen nichts Großes zu werden, wir brauchen weder berühmte noch geniale Menschen oder auch Heilige zu sein, sondern nichts als achtsame Hörer auf die Musik Gottes. So ist die Stille der Raum, in dem ein Wort ergeht. Denn wenn Gott ein sprechender Gott ist, dann ist das ganze Dasein und das ganze Universum ein Wort an uns. Wir antworten mit unserem Glauben und mit dem Tanz unseres Lebens und bewegen uns mit alledem mitten im Sinn.

Dornen können Rosen tragen, 328

Stille ist nicht einfach da, wenn einer sie sucht. Denn sie entsteht nicht von selbst, wo das äußere Leben zurücktritt, wo die Hast der Arbeit sich entfernt oder der Straßenverkehr verstummt. Das einsame Zimmer am Ferienort ist noch kein Ort der Stille, sowenig wie der abgelegene Raum des Kranken. Denn wo die äußere Welt schweigt, setzen die inneren Stimmen ein.

Eine Stille, der auf die Dauer unsere Liebe gehören kann, schließt immer etwas ein, das mehr ist als wir selbst: ein Gespräch mit einem Du. Sie bringt ein Wort oder ein Zeichen aus einer anderen Welt. Stille kommt nicht von selbst und nicht zufällig. Ohne Warten und Stillhalten geschieht nichts Erlösendes an uns.

Die Mitte der Nacht, 18-19

Was ich dir wünsche? Nicht, dass du dein Leben verbringen sollst unberührt von den Menschen, irgendwo in der Stille an einem See, als wären alle Tage Ferien. Aber ich wünsche dir, dass du hin und wieder eine Stunde hast, in der deine Seele still liegt wie Wasser und das Licht sich in ihr spiegelt. Ich wünsche dir, dass du absehen lernst von deiner eigenen Kraft und stehen, zart und biegsam wie ein Wollgras, das in dem Seegrund Halt hat, in dem es steht. ✦

Mehr als drei Wünsche, 18

In die Stille gehen heißt nicht immer sich entfernen von den Menschen. Es heißt auch ihr Herz suchen, ohne Worte zu brauchen. Ihnen nahe sein als Gefährten in Gott. Denn in Gott sein heißt lieben, die Liebe Gottes aber ist wie das Licht, das uns gemeinsam tröstet.

Am Ufer der Stille, 32

Die Stille ist voll deiner Gegenwart, Gott! Ich warte auf ein Wort aus einer anderen Welt, von dir. Ich weiß, dass du mich siehst, und öffne dir mein Herz. Ich war allein mitten unter den Menschen. Nun bin ich in dir. Ich war gefangen in mir selbst. Nun bin ich frei. ❧

Am Ufer der Stille, 10

Ich kann auch vor Gott sein, ohne zu reden. Wenn ich glaube, dass Gott mein Wort hört, dann ist mein Wort im Grunde unnötig. Dann hört Gott auch, was ich denke, ohne es auszusprechen. Dann sieht Gott, was in mir ist, und nimmt mich an, wie ich, ohne Wort, vor ihm anwesend bin, mich vor ihm ausbreite, ohne mich oder irgendetwas in mir zu verbergen.

Dornen können Rosen tragen, 372

Mit der Zeit umgehen lernen, Tage, Stunden und Augenblicke ausschöpfen und so sich mit den Grenzen der Zeit befreunden. Jedem Tag sein eigenes Recht geben; dem Spiel, dem Gespräch, den Plänen, dem Werk, der Fröhlichkeit, dem Nachdenken und dem Schlaf seine eigene Schönheit und Schwere lassen.

Möglichst von nichts wünschen, dass es vorbei sei. Das Leben kommt nicht später. Es ist jetzt. Von nichts wünschen, dass es zurückkommt. Es ist gewesen, und nur seine Spuren sind wichtig. Jeden Tag nach dem Menschen fragen, der unser jetzt am meisten bedarf. Und sich immer weniger wichtig nehmen. Man empfängt viel mehr, als man gibt.

Die Mitte der Nacht, 39
Dein Geburtstag sei ein Fest, 35

Nur der Augenblick gehört dir. Die Vergangenheit ist vorbei. Was die Zukunft bringt, weißt du nicht. Also wende dich dem Augenblick freundlich zu. Was du hastig tust, weil deine Gedanken in der Zeit vorauslaufen, kannst du nicht sorgfältig tun. Du verdirbst den Augenblick, in dem doch alles seinen Sinn findet.

Die goldene Schnur, 35

Christus zu meditieren ist ein Weg, der weiter führt als bis zum Hören seines Worts. Meditation findet in einer tieferen Schicht statt als in unserem Nachdenken. Sie führt uns in die Schicht der Bilder, und dort geht es nicht nur um falsche oder richtige Gedanken oder Entscheidungen. Dort geht es um das, was wir sind. Denn was wir sind, sind wir aus dem Untergrund unserer Seele heraus, in welchem uns die Prägung mitgegeben wurde, die uns ausmacht. Betrachten wir Christus, das Bild Gottes, dann betrachten wir Christus, das Bild des Menschen, genauer: das Bild unser selbst zugleich. Es geht um das, was wir sind und was wir sein können. Es geht um uns selbst.

Erfahrung mit Gott, 304

Ewiger, heiliger,
geheimnisreicher Gott.

Ich komme zu dir.
Ich möchte dich hören,
dir antworten.

Vertrauen möchte ich dir
und dich lieben,
dich und alle deine Geschöpfe.

Dir in die Hände
lege ich Sorge,
Zweifel und Angst.

Ich bringe keinen Glauben
und habe keinen Frieden,
nimm mich auf.

Sei bei mir,
damit ich bei dir bin,
Tag um Tag.

Dir will ich gehören,
dir will ich danken,
dich will ich rühmen.

Herr, mein Gott.

Wie wir beten können, 11

Schöpfer meiner Stunden und meiner Jahre,
du hast mir viel Zeit gegeben.
Sie liegt hinter mir und sie liegt vor mir.
Sie war mein und wird mein,
und ich habe sie von dir.
Ich danke dir für jeden Schlag meines Herzens
und für jeden Morgen, den ich sehe.

Ich bitte dich nicht, mir mehr Zeit zu geben.
Ich bitte dich aber um viel Gelassenheit,
jede Stunde zu füllen.

Ich bitte dich, dass ich ein wenig dieser Zeit
frei halten darf von Befehl und Pflicht,
ein wenig für Stille,
ein wenig für das Spiel,
ein wenig für die Menschen am Rande meines
Lebens, die einen Tröster brauchen.

Ich bitte dich um Sorgfalt,
dass ich meine Zeit nicht töte,
nicht vertreibe, nicht verderbe.
Jede Stunde ist ein Streifen Land.
Ich möchte ihn aufreißen mit dem Pflug,
ich möchte Liebe hineinwerfen,
Gedanken und Gespräche,
damit Frucht wächst.
Segne du meinen Tag.

Wie wir beten können, 75

Juli

Glaube ist eine Erwartung

So komm und segne diesen Tag,
gib uns dein Licht zum Zeichen,
dass unser Herz dich fassen mag
und wir dir, Sonne, gleichen.

Gib Freude, Wachstum und Gedeihn,
lass unsre Hand dein Werkzeug sein.
Durch Tage und durch Zeiten
wirst du uns selbst begleiten.

Der Singvogel, 90-91

Es gilt, »hinüber« zu schauen. Keine Sorge, du verlierst dabei keineswegs den Boden unter den Füßen. Im Gegenteil, du beginnst überhaupt erst zu ahnen, auf welcherlei Boden du stehst. Du verlierst dich nicht in Träume. Im Gegenteil, du lernst genauer zu unterscheiden zwischen deinen Träumen und der Wahrheit. Du wirst dabei nicht untüchtig, auf dieser Erde zu tun, was nötig ist. Im Gegenteil, du erkennst erst so die Kräfte, die auf der Erde am Werk sind, und die Gefährdungen, in denen du stehst. Du beginnst genauer zu wissen, was anderen Menschen durch dich zukommen soll an Güte und wacher Begleitung. ❧

Die leisen Kräfte, 38

Glauben ist eine Grundbedingung für menschliches Leben überhaupt. Jeder Mensch glaubt, auch wenn er meint, er verlasse sich ausschließlich auf das, was er sehen oder wissen kann. Liebe unter Menschen beruht auf Glauben. Alles Vertrauen beruht auf Glauben, denn niemand kann beweisen, dass er Vertrauen verdient. Wer nicht glauben kann oder will, dass er selbst und sein Tagwerk irgendeinen Sinn und Wert hat, ist ein armer Mensch. Jeder Entschluss erfordert die Bereitschaft zu glauben; denn niemand kann wissen, ob er zum Gelingen führt. ❧

Auferstehung, 18

Glauben heißt nicht, dass, wer glaubt, nichts wüsste. Er weiß durchaus. Er geht, auch wo er keinen Weg sieht. Und wo sehen wir schon Wege? Der Glaubende ist sich seiner Sache gewiss, auch wenn er keine Beweise hat. Er hält sich bereit, als Geschenk anzunehmen, was er nicht erzwingen kann. Er glaubt durch das, was er an einem Menschen sieht, hindurch und glaubt ihm, liebt ihn, hofft für ihn, gibt ihm Boden unter die Füße, und vertraut darauf, dass er mit alledem nicht der Dumme, sondern dass sein Vertrauen sinnvoll ist. ❧

Auferstehung, 18

Glauben heißt: prüfen, ob das, was wir für Wirklichkeit halten, tatsächlich so wirklich ist, wie wir meinen. Denn unser Gefühl für Wirklichkeiten ist ja voller Täuschungen. Ein Stein ist für uns wirklicher als ein Gefühl. Doch wahrscheinlich ist er nicht wirklicher, sondern nur anders wirklich. Ein Sturm ist für uns wirklicher als ein Wort, aber vielleicht ist das Wort wirklicher als der Sturm.

Wie wollen wir Gott am Ende als wirklicher erfahren als die Welt der massiven Dinge, die ja nur sein Geschöpf ist und ganz gewiss weniger wirklich als er?

Eine Handvoll Hoffnung, 64-65

Ich bin überzeugt, dass Gott den Glauben und die Freiheit des Menschen nicht will, damit der Glaubende am Ende ratlos sei mit den Ratlosen, unfrei mit den Unfreien, blind mit den Blinden, taub mit den Tauben, modern mit den Modernen oder in Traditionen verfangen wie alle anderen, die aus ihrer Angst nicht frei werden können. Er wollte, dass der Glaubende etwas zu sagen habe, dass er seiner Welt frei gegenüber stehe und fähig, sie zu begreifen und zu verändern. Ich meine, Christus habe seine Leute befähigen wollen, eine sinnvolle, heilvolle Arbeit an Menschen und Dingen zu leisten, an Problemen und Aufgaben jeder Art.

Erfahrung mit Gott, 362

Schöpferisch wird ein Mensch offenbar nicht dadurch, dass er seine Hemmungen beseitigt oder sein eigenes Wesen entfaltet. Schöpferisch wird er durch eine Begegnung, die ihn verwandelt. Und hier liegt das Geheimnis dessen, was wir Jüngerschaft nennen: Glauben, Hingabe, Verwandlung eines Menschen in das Bild jenes Jesus Christus.

Erfahrung mit Gott, 101

Glaube, wie wir Christen ihn verstehen, ist das Wagnis, sich auf ein Gegenüber einzulassen und mit ihm zu leben. Auf das Gegenüber zu einem ansprechbaren und hörenden Gott, auf das Gegenüber zu dem Jesus Christus, der uns Gott gezeigt und uns den Weg eröffnet hat, auf das Gegenüber auch zu vielen unbequemen und unhandlichen Menschen, auf das ehrliche Gegenüber auch zu mir selbst und auf einen freundlichen Umgang mit mir.

Mag mancher, der heute den Weg der Jüngerschaft unter die Füße nimmt, als nützlicher, wenngleich harmloser Idealist gelten. Immerhin: Durch seinen Glauben ändert sich etwas. Dadurch, dass er das scheinbar Sinnlose tut, anderen auf irgendeine Weise Brot, Liebe oder Gerechtigkeit zu bringen, zeigt er den Sinn. Dadurch, dass er das scheinbar Unwirkliche ernst nimmt, schafft er Wirklichkeit. Aus dem Glauben kommt Brot.

Das christliche Bekenntnis, 95
Erfahrung mit Gott, 111

Glauben heißt dankbar sein für Empfangenes, dankbar für das Kommende. Glauben heißt heute tun, was die Stunde vorschreibt, und das Unzugängliche der Zukunft Gott zu überlassen Glauben ist Geduld auch mit dem Bösen, dem Sinnlosen, dem Dunklen. Glauben heißt nicht lässig, wohl aber gelassen sein und den nächsten Schritt erst tun, wenn es Zeit ist.

Der christliche Glaube ist ja kein Lehrstoff, den einer auswendig lernt und den man dann abfragt. Er bildet sich vielmehr in vielen Erlebnissen, in Begegnungen mit vielen Menschen und ihren Schicksalen und im Horchen auf sehr viele Stimmen, auch in uns selbst. Erfahrung ist eine der stärksten Quellen unserer Kraft. Erfahren heißt wörtlich: »durch Fahren gewinnen«, nämlich dadurch, dass man sich selbst auf die Reise begibt, auf die Suche nach Wahrheit und Sinn, auf die Suche nach Gott und seiner Nähe.

Erfahrung mit Gott, S. 335
Dornen können Rosen tragen, 26

Als Christen können wir wissen, dass der Weg zur Wahrheit und zum Leben nie ein für allemal gefunden und gegangen werden kann. Er wird immer von Unwissenheit zur Klarheit und danach wieder zu einem neuen Nichtwissen führen, vom Unglauben zum Glauben, vom Glauben zum Zweifel und zu einem neuen Vertrauen. Jeden Tag gehen wir als veränderte Menschen durch eine neue Umgebung, begreifen einmal das Eine, einmal das Andere und müssen uns mit dem begnügen, was uns jeweils zuwächst.

Es ist nicht so selten, dass ich dasitze wie vor einem Brettspiel und die Figuren planlos hin- und herschiebe. Ich spiele nicht. Ich schiebe nur die Klötze hin und her. Und es bleiben immer dieselben Klötze, und keine Lösung kommt in Sicht. Dann muss sich ein Engel dazusetzen und mitspielen. Vielleicht setzt er plötzlich die Figuren anders, und das Spiel geht weiter. Ich sehe ihn nicht, aber ich merke, dass mir da einer eine gute Idee zugespielt hat.

Dornen können Rosen tragen, 39
Meine Gedanken sind bei dir, 27

Nicht das ist das Neue, Fremde, was über Jesus Christus gesagt wird, er sei »Sohn Gottes«, sondern dies, dass eben dasselbe auch von uns Menschen gesagt wird. Christus ist »Sohn«. Und du, Frau oder Mann, du sollst das gleiche sein: Tochter oder Sohn Gottes. Fasse das! Halte es fest! Lass dich nicht um diese Würde, diesen Rang bringen. Nicht um die Freude, die Begeisterung, um den Mut und was alles eine solche Bezeichung in dir auslösen mag. Geh unbefangen und ohne Angst in dich selbst hinein! Du begegnest der Tochter oder dem Sohn Gottes, die oder der in dir verborgen zum Leben gekommen ist. ❧

Dornen können Rosen tragen, 277-278

Was ist denn das Evangelium, von dem wir so viel reden und unter dem so viele Menschen sich nichts vorstellen können? Es ist im Grunde weiter nichts als die Deutung für das, was am Tisch geschieht. Da sagt Jesus: Komm von der Landstraße, du Mensch auf deinem mühseligen Weg! Hier ist ein Haus. Leg deinen Mantel ab. Den brauchst du draußen, wo es regnet und kalt ist. Stell dein Gepäck ab. Hier ist ein Tisch. Setz dich. Hier sitzen auch andere. Die nehmen dich auf. Die begrüßen dich. Zu denen gehörst du, und nichts, was du bist oder was du mitbringst, soll die Gemeinschaft hindern. Denn ich, Christus, bin mitten unter euch. Ich lade ein. Ich bin die geöffnete Tür. Ich bin die offene Hand. Ich lege dir das Brot vor. Ich gieße den Wein ein. Mehr noch: Ich bin das Brot. Ich bin der Wein. Komm und iss, es ist alles bereit.

Eine Handvoll Hoffnung, 94-95

Jesus meint durchaus nicht, der Glaube sei eine Sache für Blumenkinder. Er meint, der Mensch sei in Gefahr, in seiner Angst und Sorge zu erstarren und dabei seinen Auftrag zu verfehlen. Eine gewisse Freiheit und Kühnheit wird dadurch möglich, dass ein Mensch aufgehört hat, sich selbst im Wege zu stehen. Menschen sind gemeint, die die Hände frei haben und ihre Kraft und Phantasie und Liebesfähigkeit einsetzen, wo sie nötig sind, in ihren vier Wänden oder vor ihrer Tür oder sonst wo.

Der große Gott und unsere kleinen Dinge, 33

Ich frage mich, wie sich die Enge dessen, was ich meinen christlichen Glauben nenne, in einen offenen Raum von Ahnung und Erfahrung hinaus weiten könnte. Es ist alles größer, tiefer und weiter, als mir sichtbar ist. Ich muss also versuchen, mit zu sehen, was nicht sichtbar ist, mit zu hören, was ich nicht höre. Mir vorstellen, was sich meinen Vorstellungen entzieht. Finden, was als unauffindbar gilt. Denn ich will ja das weitere, das offenere, das lebendigere Leben, das ich am Ufer zwischen Nähe und Unendlichkeit zu finden hoffe. 🙢

Dornen können Rosen tragen, 11-12

Der Anfang eines Handelns aus dem Geist Gottes ist die Zuversicht, dass es Sinn hat, etwas zu tun, dass etwas wachsen, gelingen, reifen, aufleuchten wird. Der Anfang liegt in dem Glauben, dass ich im entscheidenden Augenblick erkennen werde, was ich tun soll, in dem Glauben, dass das Richtige zumutbar ist, in dem Glauben an die Kraft, Freiheit und Wandlungsfähigkeit, die Gott in mich gelegt hat.

Wo ist Gott? Er ist nicht im Unsichtbaren allein. Er ist nicht im Sichtbaren allein. Er ist uns am nächsten, wo Sichtbares und Unsichtbares ineinander übergehen, dort, wo die Dinge durchscheinend sind, wo Formen entstehen und vergehen, wo ein Wort laut wird und wieder Schweigen einzieht, an der Grenze, an der wir dem Geheimnis begegnen, uns selbst und Gott. 🙠

Erfahrung mit Gott, 427-428
Alles Lebendige singt von Gott, 10

abei beginnst du zu ahnen, dass sich dir auf diesem Wege dein eigenes Geheimnis, das so schwer ergründbare, wer du denn selbst seiest, ein wenig öffnet. Der Glaube aber ist nicht irgendetwas an dir. Dein Glaube, der von Gott geschenkte, bist du selbst. Auf dem Wege über deinen Glauben schafft Gott dich nach seinem Bilde. Wer du aber, von Gott neu geschaffen, sein wirst, das erkennst du in dem Maß, in dem sich dir das Geheimnis Gottes erschließt. Wer ist denn Gott? Er ist durch keine Prognose festzulegen. Er ist der lebendige Gott, wie die Bibel sagt, der Gott der Wandlungen und der Neuanfänge. Der Geist Gottes ist lebendige Kraft. Dein Glaube nimmt ihn in Anspruch, weil er dir zugesagt ist. Und dein Herz kann leben.

Erfahrung mit Gott, 401
Lass dein Herz atmen, 41

Wo der Geist Gottes am Werk ist, da wirst du zu ungewohnten Gedanken fähig, da wirst du fähig, etwas zu tun, zu dem du sonst nicht die Kraft hättest. Da gewinnst du eine Zuversicht, die du sonst nirgends herbekämest. Da wirst du dich ändern, und da wirst du deine Umwelt ändern. Was du dann tust, das ist nicht Ausdruck deiner Wünsche, sondern deiner Hoffnung. Es ist Ausdruck der Liebe, die du empfangen hast. Du vermagst deinen Glauben in Worte zu fassen. Du hast die Kraft, zu bewegen, zu steuern, weiterzuführen, zu heilen und zu versöhnen. Wenn du etwas tust, das der Geist Gottes dir eingibt, pflanzt du etwas in die Welt in dem Vertrauen, dass die Kraft aus Gott darin weiterwirken wird.

Dornen können Rosen tragen, 257

W as geschieht denn mit mir, wenn ich
bete? Ich breite die Arme aus und mache
mich weit. Ich trete aus mir heraus, nehme
die Schicksale, die Mühen und die Leiden auf, die
um mich her getragen und erlitten werden, und
bringe sie vor Gott. Und ich mache mich zu einer
anderen Stunde so klein an Raum, wie ich wirklich bin, und lasse alles los, was außen geschieht.
Ich halte Gott mein Leben hin mit der Bitte, er
möge mir beistehen. Ich halte ihm mein krankes
Ich hin und erbitte mir, er möge es berühren. Ich
halte ihm alle meine Erfahrungen hin und bitte
ihn um Kraft. Ich halte ihm meine unruhigen,
flackernden Gedanken hin und bitte ihn, er möge
sie ordnen. Ich ruhe in der Wahrheit, die Gott ist.
Ich denke nicht über mich selbst nach, sondern
über den nahen und heiligen Gott. Ich senke
meine Wurzeln in den festen Grund, der er ist. Ich
vertraue darauf, dass etwas in mir wächst, dass
Wahrheit in mich einkehrt, dass neue Anfänge
gelingen. Dass ein Ziel sichtbar wird.

Das Vaterunser, 8

Horchen und anwesend sein, horchen und antworten, damit beginnt alles Gebet. Dein Gebet besteht also nicht in dem Bemühen, Gott zu erreichen, sondern darin, deine Sinne, deine Augen und Ohren zu öffnen, bis dir die Tatsache aufgeht, dass du immer schon, ehe du mit deinem Bemühen einen Anfang machst, bei ihm und in ihm bist. ❧

Das Vaterunser, 22

Glaube hat bei Jesus immer damit zu tun, dass ein Mensch mit einer wirkenden Macht rechnet, wo andere sie nicht erwarten. Glaube rechnet mit einem Wunder, das in die augenblickliche Situation eingreift.

Glaube ist eine Erwartung. Glaube ist kein Besitz, so dass einer sagen könnte: Ich habe Glauben! oder gar: Ich habe einen großen, einen starken Glauben. Er ist auch keine Eigenschaft, so dass er sagen könnte: Ich bin ein gläubiger Mensch. Glaube ist der Sprung, den ein Mensch wagt, obwohl er Furcht hat zu springen.

Erfahrung mit Gott, 105

Wir wachsen, leiblich und seelisch, im Lauf etlicher Jahrzehnte zu dem Menschen heran, der wir auf der Höhe unserer Kraft sind, und dieser Mensch verfällt. In der Zeit des Wachsens und Wirkens fällt ein Wort in uns hinein wie ein Same. Der Same ist das Wort, sagt Jesus. Nun wächst der neue Mensch in uns, die Tochter Gottes, der Sohn Gottes. Und wenn Gott uns aus dieser Welt abruft, weckt er diesen neuen Menschen, den Bewohner und Gast seines Reiches, zum Leben in ihm.

Eine Handvoll Hoffnung, 172

Wie blind gehe ich durch meine Tage. Aber manchmal gelingt es, die Augen zu heben. Da leuchtet ein Abendhimmel in Gold, in Blau, in Orange. Und ich sehe einen Trost, für mich bestimmt. Ich stehe an der Straße, und mein Blick fällt auf einen Busch. Geduldig streckt er seine Zweige; Zeichen nicht nur der unendlichen Geduld einer Pflanze, sondern der Geduld Gottes mit mir. Ich komme spät nach Hause. Zwischen Wolken steht der Mond und sammelt den Himmel wie zu einer Kuppel. Schönheit, die mich anrührt wie ein Wort, das mir gilt.

Die leisen Kräfte, 26

Mut ist die besondere Weisheit, das nicht zu fürchten, was man nicht zu fürchten braucht. Nicht zu fürchten braucht man das Älterwerden, das Abnehmen der Kräfte, denn so ist unser Leben nun einmal geordnet. Wie sollte man etwas fürchten, das Sinn hat? Fürchten könnte man sich davor, dass man den Sinn der Stunde verfehlt, indem man Früheres festhält und den Platz behauptet, den man eigentlich verlassen sollte. Niemals aber fürchte den Schritt in den nächsten Tag.

Dein Geburtstag sei ein Fest, 26

Achte auf das, was du siehst. Wer seinen Augen erlaubt, in alles Dunkle zu schauen, sieht überall Schatten und wird am Ende nachtkrank sein. Wer nach Helligkeit ausschaut, öffnet heilenden Kräften den Weg in seine Seele. Er gewinnt die Kraft, zu bejahen und zu lieben. Er wird gesegnet sein.

Und vielleicht ist ein Mensch in deiner Nähe, dem du zeigen kannst, was abseits der großen Dunkelheit leuchtet, was blüht, was gelingt und gut ist, was aus der Liebe Gottes und der Menschen zu ihm kommen will.

Ich werde gerne alt, 23

Wer Erfahrungen nicht verdrängt, der erfährt nicht nur Auflösung und Unsicherheit, er findet auch die Kraft zu wachsen. Denn Weisheit besteht auch und vor allem in der Fähigkeit, mehr zu sehen, als das Auge wahrnimmt, mehr zu hören, als was sich dem äußeren Ohr bemerkbar macht. Sie besteht in einer Fühligkeit und Intuition, wie ein Kind sie hat. ❧

Heitere Gelassenheit, 67

Manchmal gehen mir die Einfälle aus, wenn ich sie am nötigsten brauche, und nichts rührt sich dort innen, wo mein Herz eigentlich lebendig sein sollte. Dann liegt alles an dem Geist, der von oben kommt wie ein weißer Flügel über dem dunklen Wasser. Ganz unauffällig kann er herabkommen. Ganz unauffällig wäre ich gerne ein guter Gedanke, der dich belebt und erfrischt wie ein heller, freundlicher Einfall, wie die Nähe eines Engels.

Meine Gedanken bei dir, 14-15

er Wegbruder Christus sagt: Ich gebe dir Frieden. Friede heißt: nicht im Hass leben und nicht im Streit. Es heißt: nicht sich verzehren in Vorwürfen gegen Gott und die Menschen. Es heißt: Freundlichkeit geben und nehmen. Vertrauen schaffen und Vertrauen genießen. Es heißt vor allem: nicht beunruhigt sein durch all das, was geschehen ist, was versäumt wurde durch Verschulden oder Versagen. Nicht beunruhigt sein durch die Erwartung, es werde auch künftig wieder eine Menge Versäumen und Verschulden geben. Frieden heißt: sich mit allem, was war, was ist und was kommt, den führenden Händen Gottes anvertrauen und das Wort Jesu ernst nehmen, dass es die Wehrlosen, die Geduldigen, die Leidenden und die Barmherzigen sind, die den Weg finden in Gottes Reich.

Dornen können Rosen tragen, 139

Das Vielerlei lasse ich hinter mir. Auch meine Träume. Auch meine unruhigen Pläne. Ich will nicht mich, Herr, das ist zu wenig, ich will dir gegenüber sein, dich finden. Ich verlasse den Kreislauf meiner kurzatmigen Hoffnungen und meiner ungewissen Selbstsicherheit. Ich wende mich dir zu. Ich warte auf dich. Du bist. Und ich bin in dir.

Am Ufer der Stille, 11

Es gehört zum christlichen Glauben und zur Durchlässigkeit seiner Welt auch dies, dass er Menschen wahrnimmt. Es gehört gleichsam zum christlichen Wohnen, dass das fremde Schicksal eintreten darf, dass die Türen nicht verschlossen sind, sondern nur angelehnt. Es gehört der Wille dazu, lieber sich berauben zu lassen als die Tür zu schließen. Der Umgang mit den Menschen wird wirklicher dabei, schwerer und wesentlicher.

Erfahrung mit Gott, 112

Ich bin reich an allem,
was ich zum Leben brauche.
Ich gedenke aller, die im Elend leben.

Ich habe keinen Mangel an Kleidern.
Ich gedenke aller Frierenden
und aller Ungeschützten.

Ich habe Schuhe an meinen Füßen
und gedenke aller nackten Füße
auf den Straßen und im Staub dieser Welt.

Ich bin gesund und habe einen Arzt.
Ich gedenke der Kranken
Und aller, die sterben, weil niemand ihnen hilft.

Ich lebe im Frieden
Und gedenke aller, die zertreten und zerrissen
werden
durch die Maschine des Krieges.

Ich stehe vor dir, Gott, als dein Kind.
Aller derer gedenke ich, die verzweifeln,
weil sie dich nicht kennen,
dich, den Liebhaber aller Menschen.

Wie wir beten können, 95

Dich, o Gott, rühmen wir
in der Stille deines Hauses.
Du hörst, wenn wir zu dir reden,
darum kommen wir zu dir.
Glücklich, wem du nahe bist,
der sich dir nahen darf,
dein heiliges Mahl zu empfangen
vor deinem Altar.

Denn du machst fröhlich alle Kreatur
gegen Morgen und gegen Abend.
Du besuchst das Land, du segnest es mit Regen.
Reich machst du die Erde,
von Wasser überfließen die Bäche.
Reich machst du die Erde
und bereitest das Korn, dein Brot.

Du krönst das Jahr mit deiner Gabe.
Wo immer du gingst, ist Fülle.
Die Auen in der Wüste freuen sich,
die Hügel in der Runde danken dir.
Die Weiden kleiden sich mit Herden
wie mit einem Gewand,
die Täler hüllen sich in Korn wie in ein Kleid.
Sie jubeln einander zu, ja sie singen dir, Gott.

Nach Psalm 65
Gib den Augen meines Herzens Licht, 45-46

August

DEINE ERNTE WIRD SEIN,
WAS AUS DIR SELBST GEWORDEN IST

Der Abend kommt, nun enden alle Wege.
Du Gott der Stille, deinen Frieden lege
auf unser Haus und auf das dunkle Land,
und lass uns ruhn in deiner guten Hand.

Die Nacht ist tief. Sie hält das Herz gefangen.
Wo wir auf dunklen Wegen irrgegangen,
führ du uns selbst, dass neu dein Tag beginnt
und wir von deinem Licht durchdrungen sind.

Die Nacht ist bang. Gib uns, dass Frieden werde.
Sieh diese arme, leidzerrissne Erde!
Du Gott des Friedens, ende allen Streit.
Mach uns zu Friedensboten dieser Zeit.

Es kommt dein Morgen. Bleib mit deiner Güte
bei allen Menschen. Schütze und behüte
Was du erschaffen, bis dein Tag anbricht
und wir dich schaun, dich und dein helles
Licht.

Der Singvogel, 22-23

Ernte ist etwas Anderes als die Fertigung eines Werkes. Sie ist ein Gut, das durch die Gnade und den Segen Gottes entsteht und uns zuwächst, nachdem wir unser eigenes Gut, die Saat, lange vorher in die Erde geworfen und also verloren hatten. Reife ist vor allem anderen ein Gut, das in uns selbst wachsen muss. Nicht, was uns von außen zuwächst, macht den Reichtum der Ernte aus, sondern was aus uns selbst dabei geworden ist. Es gehört große Bescheidenheit dazu, das zu sehen und sich am Ende nicht mit all dem trösten zu wollen, was man doch so Großartiges für andere Menschen getan und geleistet und geopfert habe. Der Mensch selbst muss reif geworden sein, sonst gibt es nichts zu ernten.

Heitere Gelassenheit, 47-48

Was geschieht, so möchte man fragen, wo Gott »spricht«? Wir sagen: »spricht«, und es scheint, als sei, wo Gott sich kundgibt, nur der Vergleich mit dem Sprechen und Hören des Menschen statthaft. Aber Gott tut sich dem ganzen Menschen kund, und er spricht auch auf dem Wege über die Welt der Bilder. Die ganze Bibel, von ihrem Anfang bis zu ihrem Ende, ist voller Bilder, und was sich in ihnen verdichtet, sind die Erfahrungen und Erkenntnisse von Jahrtausenden.

Erfahrung mit Gott, 293

Unsere Zeit stirbt an ihrem Tun, an der Überanstrengung der Seelen. Das verkrampfte Tun und Schaffen, Sich-Bestätigen und -Sichern führt dazu, dass die Kräfte stocken und nicht fließen. Es führt zur Lähmung der Herzen, letztlich zum Herzinfarkt der Seele. Am Ende stirbt der Glaube daran. Aber Jesus spricht anders. Er sagt: Du bist eine Rebe an einem Weinstock. Lass den Saft strömen, dann lebst du, dann wächst etwas aus dir. Die Kräfte, die du brauchst, hast du nicht in der Hand, sie fließen durch dich hindurch.

Lass dein Herz atmen, 25

Der Kosmos, der so leer zu sein scheint von Gott, ist in Wahrheit von der Gegenwart des wandernden Gottes erfüllt. Und der Mensch wandert mit ihm, trägt ihn bei sich. Er braucht auf der Suche nach Gott die Welt nicht zu verlassen. Er braucht nicht an besonders heiligen Orten nach ihm zu suchen. Der Staub der Straße und der Wind der Fremde sind sein Ort. Gott ist auf dieser Erde unterwegs wie ein Wanderer. Er ist nicht sesshaft in Tempeln und Kirchen, nicht in Lehrbüchern und Ämtern. Er geht oft genug an den Türen der großen Institutionen unerkannt vorbei.

Lichter und Geheimnisse, 129

Ernte ist die Frucht der Reifung. Viel ist in dir als Möglichkeit angelegt. Aber wer musikalisch ist, wird zum Musiker nicht allein durch seine Begabung, sondern auch durch seine Mühe. In fast allen Kammern deiner Seele gibt es Anfangszustände und Zustände der Reife. Und wenn du im Alter einen gewissen Frieden erreicht hast, dann rührt dieser Friede wohl auch daher, dass in dir Kräfte zur Reife gekommen sind und eine Ernte eingebracht werden kann.

Die goldene Schnur, 218

Was bringst du denn ein, wenn du an dein Ziel kommst? Deine Arbeit hat ihren Lohn gebracht, den sie auf dieser Erde bringen konnte. Aber ich rede nicht von Lohn, sondern von Ernte. Ernte wird nicht gemacht. Sie wächst, sie gedeiht. Sie reift, sie wird eingebracht. Deine Ernte wird sein, was aus dir selbst geworden ist in der langen Zeit. Nur dich selbst wirst du am Ende einbringen – und das, was dir aus Gott zugewachsen ist: der veränderte Mensch.

Geh also in die Zukunft nicht ängstlich oder widerwillig, sondern mit der ganzen Kraft deines Herzens. Die Zukunft wird zeigen, was in dir gewachsen ist – erinnere dich: Du bist der Acker! – und was gewachsen ist um dich her und durch dich.

Die goldene Schnur, 239
Das Evangelium, VI;76

Meine Ernte also ist nicht, was ich meinen Kindern vererbe, sondern das, was aus mir selbst geworden ist in der langen Zeit. Nur mich selbst werde ich mitnehmen auf dem letzten Weg. Eben das aber, was ich selbst geworden bin, sehe ich nicht. Es wächst sozusagen hinter meinem Rücken.

Weil aber »Frucht« aus Gottes Kraft wächst, gibt es für das, was bei einem Menschenleben herauskommt, kein menschliches Maß. Und wer das einmal verstanden hat, ist auf dem Weg aus den Verkrampfungen hinaus. Er verzichtet auf das Maß, mit dem er das Werk anderer Menschen oder sein eigenes messen könnte. Er ist unbekümmert, wo andere ihn an seinen Leistungen messen, und weiß: Gottes Maß ist anders.

Ich werde gerne alt, 34
Der große Gott und unsere kleinen Dinge, 47

Eines sollen wir wissen: Unsere Welt ist kein Gefängnis. Sie ist offen, und immerfort kommen Kräfte von Gott her zu uns. Und wir sollen diese Kräfte einander zuleiten. Das ist es, was wir meinen, wenn wir von »segnen« sprechen. »Ich will dich segnen, und du sollst ein Segen sein«, sagt Gott. Ich will dir die Kraft geben, die du brauchst, und du sollst sie weitergeben und dabei selbst glücklich werden.

Was ist »Segen«? Ein Acker ist trocken. Es liegt Saat in ihm, aber es ist trocken. So wächst nichts. Nun setzt Regen ein, die Saat geht auf und wächst. Der Regen segnet, das heißt: er hilft, dass etwas aufgeht, dass etwas wächst, dass etwas gedeiht. Wenn Gott seinen Segen über uns ausspricht, dann wächst etwas in uns, es gedeiht etwas, es reift Frucht. Es wächst aus Arbeit und Leid, aus Fröhlichkeit und Stille die Frucht für dieses Leben und für die Ewigkeit.

Meine Gedanken sind bei dir, 42
Die Mitte der Nacht, 70

Wenn Segen über einem Leben waltet, hat es Sinn. Es gedeiht. Es wächst. Es wirkt lösend, fördernd, befreiend auf andere. Versuche glücken, Werke gelingen. Die Mühe zehrt das Leben nicht aus, sie ist sinnvoll und bringt ihre Frucht. Am Ende steht nicht die Resignation, sondern eine Ernte. Ein alternder Mensch, dessen Leben gesegnet ist, geht nicht zugrunde, er reift vielmehr, wird klarer und freier und stirbt am Ende »lebenssatt«, wie einer von einer guten Mahlzeit aufsteht.

Den Schutz, den Gottes Segen gibt, ersetzt uns kein irdisches Haus, und keine Verlassenheit und Angst auf den Straßen dieser Welt kann ihn uns nehmen.

Erfahrung mit Gott, 23
Lichter und Geheimnisse, 130

Vielleicht liegt das Entscheidende gar nicht darin, dass wir fragen: Wie viel Kraft hast du? Sondern: Wie viel Kraft geht von dir aus? Und es ist merkwürdig: Es will scheinen, dass dort, wo die wirkliche Kraft der Schwachen ist, zwar am wenigsten Kraft ist, aber am meisten Kraft ausgeht.

Kraft ist eine Sache des Glaubens. Sie ist keine Eigenschaft und kein Besitz, sondern etwas, das zu uns kommt und von uns ausgeht.

Der große Gott und unsere kleinen Dinge, 45

Wenn Jesus Kinder segnet, dann sagt er damit: Gott lasse euch wachsen und gedeihen. Er gebe euch Glück. Er mache eure Hoffnungen wahr. Er gebe euch Frieden. Er gebe euch das Wohl des Leibes und das Heil der Seele. Er mache euch zu reifen, erwachsenen Menschen, zu Söhnen und Töchtern Gottes, denen der Sinn und Wert ihres Lebens gewiss ist.

Alle Sorge um mich und mein Werk überlasse ich dir, Gott, bis du mir mein Leben zurückgibst, erfüllt mit deiner Klarheit, und ich den Segen sehe, den ich getragen habe. ࿋

Erfahrung mit Gott, 24
Am Ufer der Stille, 24

Ich wünsche dir nicht ein Leben ohne Mühe und ohne Herausforderung. Aber ich wünsche dir, dass deine Arbeit nicht ins Leere geht. Ich wünsche dir die Kraft der Hände und des Herzens. Und ich wünsche dir, mit einem alten Wort wünsche ich es, dem Wort »Segen«: dass hinter deinem Pflug Frucht wächst, Brot für Leib und Seele, und dass zwischen den Halmen die Blumen nicht fehlen. Denn wie der Mensch nicht vom Brot allein lebt, so wächst auch das Brot nicht durch den Menschen allein, sondern durch den Segen dessen, dem das Feld und die Saat gehören. Das Brot wächst durch die Kraft dessen, dem die Erde dient und der Himmel, die Sonne und der Regen. Dass in deiner Kraft seine Kraft ist, das vor allem, das wünsche ich dir.

Mehr als drei Wünsche, 9-10

Es gibt ein merkwürdiges Gesetz im Leben: In uns allen liegen Kräfte, die wir für uns selbst nicht nützen können, die in uns brach bleiben, auch wenn uns für vieles, was nötig wäre, die Kräfte fehlen. Diese Kräfte weckt aber ein Anderer, der ihrer bedarf, und plötzlich sind sie wach und durchströmen nicht nur den Menschen, in dem sie gelegen haben, sondern vor allem dem Anderen, und helfen ihm, sein Leben zu bestehen. Ich glaube, dass das Wesen einer beständigen Liebe darin liegt, dass hier ein wechselseitiges Kräftegeben und Kräftenehmen ist, die sonst ein Leben lang brachlägen, die nur jeder dem Anderen weitergeben kann, ja die eigentlich nur durch das Bedürfnis des jeweils Anderen entstehen.

Heitere Gelassenheit, 48

Es ist gut, Zeit zu haben und lange hinzusehen auf die Erscheinungen dieser Welt, die Dinge, die Lichter, die lebendigen Wesen. Denn alles, und sei es noch so einfach, ist eine Hülle des Schöpfers. Er ist in jedem Stein, in jedem Blatt, in jeder Wolke, der Allgegenwärtige, in jedem Stück auch aus der Hand des Menschen. Wo anders sollte Gott sein?

Die leisen Kräfte, 11

Ich treffe auf das seltsame Gesetz, das man die Zeit nennt. Es gibt ein Jetzt und ein Später und ein Vorher. Der Augenblick kommt, ist da, geht. Zeit geht durch mich hindurch und nimmt mich mit in ihrem Strömen, unwandelbar gleichmäßig und zuverlässig. Als Geschick kommt sie, als Auftrag, als Zumutung; als Erkenntnis geht sie, als Erfolg, als Schuld. Unmerklich verwandelt sie sich in eine von mir mitbestimmte Ewigkeit. Fast kommt sie, wie Gott kommt: leise, unaufhaltsam, mit unwiderstehlicher Kraft.

Erfahrung mit Gott, 195

Wenn wir am Ende unseres Lebens zusammenzählen, wie viel Zeit wir wirklich gelebt haben, ergibt sich möglicherweise eine erschreckend kurze Zeitspanne. Vielleicht werden es zusammengerechnet fünf Jahre sein, vielleicht nur ein paar Monate oder Wochen. Alles andere war Alltag, Routine oder Erfüllung von Pflichten und allenfalls noch Erwartung des wirklichen Lebens, Hoffnung auf die Erfüllung, die später einmal kommen würde. Wenn wir dann fragen, was denn in jenen guten Zeiten unseres Lebens gut war, stellen wir vielleicht fest:
Es waren die Zeiten, in denen eine Kraft da war – nicht unsere eigene –, die wir in Anspruch nehmen konnten.

Erfahrung mit Gott, 35

ie guten Zeiten in unserem Leben waren die Zeiten, in denen der Glaube die Antwort bekam, die er suchte. Die Zeiten, in denen er gedeihen und reifen konnte. Denn der Glaube wächst wie ein Baum. Da wollen Hitze und Kälte, Stürme und Trockenheiten durchgestanden sein. Da kommen die langen Winter, in denen scheinbar nichts geschieht, die Sommer, in denen die Triebe hervorbrechen, und die Herbstzeiten, in denen die Frucht reift.

Erfahrung mit Gott, 35-36

In dir, Gott, zu sein,
ist alles, was wir erbitten,
auf unsren irrenden Schritten.
Hülle uns ein.

Du siehst unsre Not,
du Trost der leidenden Erden.
So gib uns, Tröster zu werden.
Mach uns zu Brot.

Die Fülle ist dein.
So gib uns, dass wir dir gleichen,
freundlich dem Dürstenden reichen
goldenen Wein.

Der Singvogel, 63

Die Bibel sagt gegen den Geist nicht nur unserer, sondern jeder Epoche: dass gegen die Zeit nichts zu erzwingen ist, dass der Mensch nichts festhält, das ihm nicht bestimmt ist, dass er kein Programm und keine Idee in eine Zeit hineinpressen kann, in die sie nicht passen, dass nichts dabei zu gewinnen ist, wenn er der Zeit abtrotzt, was sie nicht geben will. Sie sagt es jedem, der meint, dies müsse geschehen und nicht dies, es müsse jetzt geschehen und nicht morgen, es müsse so geschehen und nicht anders. Ihre Begründung ist: Die Zeit dreht sich nicht um den Menschen, sondern um Gott, und der Mensch verdirbt seine Stunde, wenn er meint, die Stunde müsse ihm gehorchen.

Erfahrung mit Gott, 333

Alles ist wunderbar für offene Augen. Für alles danken. So meidet man die Bitterkeit. Verzeihen, ohne Aufheben davon zu machen. So gibt man immer mehr Raum. Die Dinge, die man besitzt, weniger wichtig nehmen. Wichtig ist ja nur, was man mit ihnen tut. Prinzipien sind unwichtig. Im Ernstfall genügt ein wenig Barmherzigkeit. Am Ende immer weniger fordern und immer weniger verweigern.

Dein Geburtstag sei ein Fest, 34

Uns Menschen ist nie das Ganze der Wahrheit anvertraut, sondern immer nur ein Aspekt oder mehrere Aspekte. Und es kommt wohl darauf an, dass wir von dem Aspekt aus, der sich uns erschlossen hat, den Aspekt achten, den ein anderer gesehen hat. Denn mehr, als dass wir nach dem leben, was sich uns erschlossen hat, ist nicht von uns verlangt.

Das christliche Bekenntnis, 92

Kein Korn wächst ohne Gottes Geist.
Kein Blatt formt sich ohne Gottes Geist.
Keine Frucht reift ohne Gottes Geist.
Es wächst aus dem Zerfall alter Bäume keine
junge Pflanze ohne seinen Geist. Soll mein Herz
lebendig sein, soll mein Glaube reif werden, dann
muss ich mitleben mit allem, was neben mir
erfüllt ist von Gottes Geist.

Die leisen Kräfte, 23

Wenn ich zurückblicke, mein Schöpfer,
begegne ich dir und deinem Willen.

Dein Wille ist geschehen
auf allen merkwürdigen Wegen, die du mich
geführt hast, in allem Unerklärlichen und
Seltsamen, das in meinem Leben geschehen ist.

Dein Wille ist geschehen
in den Tagen, an denen ich glücklich war,
an denen ich Liebe empfangen
und Erfüllung und Freude gefunden habe.
Alles Glück ist in Gefahr. Das hast du bestimmt.

Dein Wille ist geschehen
auch auf allen dunklen Wegen des Elends
und der Angst. Ich danke dir, dass ich nicht
zugrunde ging. Ich danke dir, dass ich meine
Schuld nicht büßen muss. Ich danke dir, dass ich
eins bin mit dir und nicht zerfallen mit mir selbst.

Dein Wille ist meine Kraft in meiner Schwäche.
Ich nehme deine Kraft an und vertraue ihr.
Dein Wille ist es, der mich weiterführt
bis zum Ende meiner Tage und weiter.
Dein Wille geschieht. Ich bitte dich,
dass er geschieht, auch durch meinen Willen.

Wie wir beten können, 165

Einer sorgt für mich: Gott selbst.
Wozu mache ich mir Sorgen?
Was ein Hirte ist für ein Tier,
das ist für mich Gott, mein Vater.

In reicher Aue ist meine Weide,
frisches Wasser quillt für mich,
wohin immer er mich führt.
Lebensfülle gibt er und Kraft.

Mein Weg kann nicht irren,
denn er ist es, der mich führt.
Und wenn ich wandere im Tal des Todes,
so gehe ich doch im Frieden.

Aber mehr noch: In seinem Haus
deckt er mir einen Tisch.
Kein Feind wird mir folgen,
keine Schuld und kein Fluch.

Er macht meine Seele rein
und schmückt mich festlich.
Der Becher, den ich trinke,
fließt über von erfrischendem Trank.

Mit Güte und Freundlichkeit
umgibt mich Gott, solange ich lebe,
und ich habe Wohnrecht in seinem Haus,
jetzt und in Ewigkeit.

Nach Psalm 23

Gib den Augen meines Herzens Licht, 52

Bei Gott bin ich geborgen –
wozu sorge ich mich?

Er gibt mir Nahrung für Geist und Herz,
wenn sonst niemand meinen Hunger stillt,
wenn mir zwischen den Fingern zerrinnt,
womit Menschen mich abspeisen.

Er gibt das Wasser, das den Durst stillt,
den Durst nach dem wirklichen Leben.
Wohin immer er mich führt,
er gibt Lebensfülle und Kraft.

Er gibt mir sicheren Schritt,
er zeigt mir meinen Weg,
und der Weg wird mich zum Leben führen,
so gewiss es Gott ist, der mich führt.

Nach Psalm 23
Gib den Augen meines Herzens Licht, 53

Und wenn die Lichter verlöschen,
wenn es dunkel wird,
wenn ich einsam bin und krank,
wenn ich den Tod fürchte,

wenn ich schuldig bin vor dir, Gott,
und deine Hand nicht finde,
fürchte ich doch nicht, dich zu verlieren,
denn du bist bei mir.

Dein großes Zeichen, dein Kreuz,
tröstet mich, das Zeichen,
dass du bei mir bleibst in der Nacht.
Und ich trotz aller Not dein bin.

Du bereitest mir den Tisch.
Du sagst: Nimm hin und iss!
Du reichst mir den Becher und sagst:
Nimm hin und trink!

Ich bin ein Gast in deinem Haus,
mehr noch: dein Freund und dein Kind.
Die Tür ist offen, solange ich lebe,
und sterbend finde ich dein Haus bereit.

Glück gibst du und Frieden.
Was soll ich dir geben?
Nicht anderes kann ich dir danken,
als dass ich nehme, was du gibst.

Jetzt und in Ewigkeit.

Nach Psalm 23
Gib den Augen meines Herzens Licht, 53-54

Was uns unserer Bestimmung näher bringt, ist nichts als die Gnade. Ein wenig Dankbarkeit und Freude werden erschwinglich sein, ein zaghafter Glaube, ein unvollkommener Gehorsam, der in einigen menschlichen Selbstverständlichkeiten bestehen mag, ein wenig Güte zu denen, die gleich uns unansehnlich sind, und vor allem eine zitternde Hoffnung, es möge uns am Ende die Gestalt des auferstandenen Sohnes Gottes zuteil werden und Gott sein großes Ja sprechen zu unserem kleinen Bemühen. Denn dies macht die Demut eines Menschen und sein Glück zugleich aus: sein Wissen, nein, sein fester Glaube, dass am Ende alles, was gut ist, Gnade sein wird.

Erfahrung mit Gott, 322

Es ist gut, gelegentlich einen Berg zu besteigen, einen Platz mit weiter Aussicht aufzusuchen. Dort alles vorbeiziehen lassen wie einen Schwarm Vögel, was war, was schön oder schwer oder groß war. Er wird sich dabei viel ändern. Denn wie man die Vögel nicht herbeirufen kann, so konnte man, was geschehen ist, nicht bewirken. Unsere lebenslange Mühe – ist nicht im Rückblick alles abseits unserer Bemühung Führung gewesen? Gnade? Wirkung einer fremden Hand? Ich empfand es auf einem wunderbaren Berg neben einer 1200 Jahre alten Kapelle, die von einem Baum überschattet war. Dass die Güte Gottes dicht neben dem Baum meines Lebens gestanden hatte, alle die langen Jahre, hatte ich nicht jeden Tag gesehen, aber heute, im Rückblick, steht sie da. Schön und verlässlich.

Ich werde gerne alt, 36

Gott, du Schöpfer und Gestalter der Welt,
wie gut, dass du es bist,
der sie in Händen hat.

Herr, du Christus,
wie gut, dass wir dich sehen,
das Angesicht unseres Gottes.

Gott, du schöpferischer Geist, wie wunderbar,
dass wir in deiner Kraft mitwirken sollen,
deine Welt zu bewahren.

In einem Kind bist du uns begegnet,
deine Kinder sind es, um die wir uns ängsten.

Wenn ich den Himmel sehe,
deiner Finger Werk, den Mond und die Sterne,
die du bereitet hast –

was sind wir Menschen, dass du unser gedenkst,
und unsere Kinder, dass du dich ihrer annimmst?

Du hast uns befähigt, deine Gedanken zu denken,
Schöpfer zu sein mit dir.

Mach uns zu Schützern deiner herrlichen Erde,
zu Hegern der Kreatur.

Nach Psalm 8
Gib den Augen meins Herzens Licht, 19

Gesegnet ist der Mensch,
der sich auf Gott verlässt.

Der ist wie ein Baum,
am Wasser gepflanzt,

der seine Wurzeln
zum Bach hinstreckt.

In der Hitze fürchtet er sich nicht,
und seine Blätter bleiben grün.

Er sorgt sich nicht im dürren Jahr,
sondern bringt Früchte allezeit.

Aus Jeremia 17
Gib den Augen meines Herzens Licht, 142

September

ÜBERALL, WOHIN DU GEHST, KANN
GOTTES REICH GESTALT FINDEN

Ich traue Gott, was soll ich sorgen?
Er sagt, er habe auf mich Acht.
Ich bin in seinem Schutz geborgen.
Mein Schicksal ist mir zugedacht.

Er gibt den Geist mir und das Leben,
der Erde Kraft, des Himmels Tau.
So geh ich, von ihm selbst umgeben,
den Weg, dem ich mich anvertrau.

Und wenn einmal die Schatten fallen
und find ich keinen sichern Stand,
so weiß ich doch: Ich bin mit allen,
die leiden, fest in seiner Hand.

So will ich bis ans Ende wandern,
bis ich die offne Türe find.
Der Tisch lädt ein, mich und die andern,
die dort mit mir zu Hause sind.

Was also soll ich ängstlich sorgen?
Ich traue ihm, dass er mich sieht.
Ich bin in ihm an jedem Morgen
und rühme ihn mit meinem Lied.

Der Singvogel, 16

Was ist denn das »Reich Gottes«? Wenn ich über Gott nachdenke, meine ich, das Reich Gottes sei eigentlich Gott selbst und Gott allein. Denn wo sollte es anders sein als in Gott? Wenn ich die Welt anschaue, die Schöpfung Gottes, dann scheint mir, »Reich Gottes« sei ein Wort für alles Geschaffene, die Welt insgesamt. Wenn ich sehe, wie die Menschen miteinander leben, dann will mir scheinen, das »Reich Gottes« sei ein Schlüsselwort für ein gutes, gelingendes Dasein, für Güte unter Menschen, für Liebe und Hingabe. Wenn ich sehe, wie voll Leiden und voller Rätsel die Welt ist, denke ich, »Reich Gottes« sei ein Wort für die Vollendung aller Dinge, die Wandlung dieser Welt in eine neue, eine andere. Oder wenn ich mich selbst betrachte, meine ich, »Reich Gottes«, das sei die unvorstellbar geheimnisvolle innere Welt in mir selbst, wenn nämlich Gott einmal angefangen hat, meine Seele umzuformen zu der Gestalt, die sie am Ende gewinnen soll. In Wahrheit ist es all dies zugleich.

Unter dem weiten Himmel, 26

*E*s gibt keine Wahrheit über Gott, die man in ein Buch schreiben und für alle Zeiten aufbewahren könnte, denn Wahrheit bedeutet nicht, dass wir Gott kennen, sondern dass Gott uns kennt, dass das helle Licht des Wissens Gottes uns begegnet und dass wir uns diesem wissenden Gott anvertrauen. Wahrheit ist die Spiegelung des Lichtes Gottes auf dem Gesicht eines Menschen, der vertrauend in das Dunkel hineingeht. ❧

Erfahrung mit Gott, 163

ie Bibel ersetzt dir nicht, was du selbst bezeugen sollst. Gott redet weiter. Auch zu dir. Was würde dir ein Gott helfen, der vor zweitausend Jahren aufgehört hätte zu reden? Nein, der Geist Gottes wird dich in alle Wahrheit leiten. Die Bibel sagt: Der Geist Gottes wird noch deine Kindeskinder erfüllen und begeistern. Wenn du die Bibel liest, frage dich, wie die Wahrheit aussehen mag, die Gott dir, dir allein, zeigen will. Verlass dich nicht auf das, was du gelernt hast, sondern sprich aus, was du selbst erkennst. Gib der leisen Stimme in dir Raum und finde durch sie dein eigenes Wort. Und setze deine Erkenntnis um für diese Stunde und diesen Tag. Das Maß ist die Zukunft des Reiches Gottes. Und die Zukunft hat ihren Anfang in dieser Stunde.

Das Evangelium, VI,71

Man könnte das »Reich Gottes« als eine Art »Gewebe« beschreiben, das sich dem Auge des Scharfsichtigen durch die gröbere Struktur der Dinge unserer Welt durchzeichnet. Für das Auge des Wissenden ist in der Wirklichkeit sehr viel offener Raum, in dem Nicht-Geahntes sich begeben, Nicht-Erwartetes sich ereignen und Nicht-Gewesenes aus Gottes Geist entstehen kann. Zum christlichen Glauben gehört darum eine alles durchziehende Offenheit allem Begegnenden gegenüber.

Erfahrung mit Gott, 111-112

Heute ist mir klar, dass meine Gedanken über Gott nicht Gott sind, sondern Bilder von ihm. Meine eigenen Bilder, in denen ich zu fassen suche, was so weit auseinander liegt. Ich stelle mir einen Tänzer vor und einen Tanz. Die Welt ist ein Tanz. Gott ist der Tänzer. Ich kann nicht sagen: Ein Tänzer und sein Tanz seien dasselbe. Aber ich kann sie auch nicht trennen. Ein Tänzer wird zu einem Tänzer durch den Tanz, den er tanzt. Und einen Tanz ohne Tänzer vermag ich mir nicht vorzustellen. Gott ist nicht die Welt, und die Welt ist nicht Gott. Wohl aber ist die Welt eine der Ausdrucksformen, in denen sich Gott uns darstellt.

Dornen können Rosen tragen, 112

Ich möchte ein Lied versuchen,
mein Lied.
Ich möchte dich rühmen,
dessen Stimme ich höre im Gesang aller Dinge.

Gerühmt seist du,
Bildner der Erde und ihrer Kraft.
Gerühmt seist du, Glut im Feuer,
Geist im Wehen des Windes,
Weisheit im Wirken der Wasser.

Gerühmt seist du,
Ursprung und Quelle alles Lebendigen,
aller sichtbaren und unsichtbaren Wesen.
Im Abglanz unserer Lichter
und im Spiegel unserer Bilder
schaue ich dein Licht.

Erde, Feuer, Luft und Wasser, 212

Das ist der Garten,
in dem das Wunderbare gedeiht:
die Zartheit der Augen und der Hände,
des Herzens und des Leibes.

Zartheit – ihre verspielte Form
heißt Zärtlichkeit.
Zärtlichkeit gibt Schatten,
wenn die Sonne glüht,
sie gibt Wärme im Frost,
sie gibt das heitere Ruhen
und das glühende Spiel.

Vieles im Leben ist Spiel,
und vieles ist sinnvoll,
weil es Spiel ist.
In der Liebe aber ist es das Wunderbare,
das Heitere, das Gelöste,
die Atmosphäre, in der das Glück gedeiht.
Spiel ist Gelassenheit
und heiteres Entspannen.

Was bleibt, stiften die Liebenden, 61

*D*er Geliebte muss ein Liebender sein,
und er muss wissen,
wie sich überall im Leben
das Gesetz der Spiegelungen wiederholt:

Man kann nicht das Glück suchen
und dabei das Glück anderer verletzen.
Man kann nicht die Quelle des Glücks
irgendwo draußen suchen
und sich, wo man selbst eine Quelle sein soll,
den anderen geizig zeigen.

Die Liebe wird uns so viel geben
an Leben und Glück, wie wir lieben.

Wo das Glück entspringt, 30

Ich bin eine Stimme unter deinen Geschöpfen,
mein Gott.
Ich bringe, was ich empfange,
auf dem kurzen Weg, den ich gehe.
Erde, Feuer, Wind und Wasser,
sie alle haben ihr Geheimnis aus dir.
Ich empfange es von ihnen
und gebe ihnen meine Melodie und mein Wort
in der Sprache des Herzens.
Ich selbst bin Erde, Feuer, Wind und Wasser.
Sie kreisen in mir
und singen in mir ihren Gesang.

Erde, Feuer, Luft und Wasser, 212

Wer mit dem Herzen denkt, der steht der Erde nicht in erster Linie als der gegenüber, der sie verändern will, sondern als ein Hörender und Schauender. Er lauscht ihrer Lebendigkeit, nimmt ihre Bilder in sich auf und tut am Ende, was für sie und ihn zugleich gut ist. Wer mit dem Herzen denkt, weiß, dass es nicht nur das Recht der Täter gibt, sondern auch das Recht alles dessen, was einfachhin nur »ist«, und er weiß auch, dass es zuletzt nicht auf das ankommen wird, was er leistet, sondern auf das, was er selbst wurde.

Die goldene Schnur, 87

Das »Herz« schaut anders in die Welt als der bloße Verstand. Offener. Aufnahmebereiter. Ehrfürchtiger. Es tut den Dingen keine Gewalt an. Es verbindet die Offenheit des Kindes mit der Weisheit des Alters. Es schreibt den Dingen und den Menschen nicht vor, wie sie zu sein hätten, sondern respektiert ihr inneres Gesetz. Es hat einen wachen Sinn für das Wesentliche und Wesenhafte. Wo das Herz seinen Blick hinlenkt, da finden die Menschen und die Dinge ihre je eigene Freiheit. Es nimmt sie sozusagen behutsam »in beide Hände«, auch das an ihnen, was nicht stimmig ist, auch ihr Leid, ihre Angst, ihre Gefährdungen. Auf diese Weise kann das Herz in unserer Welt, wie sie nun einmal ist, kaum herrschen, wohl aber erlösend wirken. Entlastend. Ermutigend. Befreiend. Heilend. Wenn wir Jesus zusehen, so verstehen wir, was es heißt, mit dem Herzen zu erkennen und mit dem Herzen zu agieren.

Die goldene Schnur, 87

Nichts trifft uns zufällig.
Nichts trifft uns nur,
weil ein Anderer es will.
Es hat alles seine Entsprechung in uns,
jedes Glück, das von außen kommt,
und jedes Unglück.

Denn alles hängt zusammen.
Was außen gelingen soll,
muss innen beginnen.
Und nichts gedeiht
zwischen den Menschen
um uns her, was nicht unten,
in unserer eigenen Seele
anfing zu gedeihen.

Wo das Glück entspringt, 29

Die Wahrheit ist ein Licht. Wahrheit stellt man auf einen Leuchter. Wahrheit lässt man strahlen. Die Wahrheit ist kein Knüppel. Mit Wahrheit schlägt man nicht zu. Wer mit der Wahrheit zuschlägt, hat nicht die Wahrheit als Waffe in der Hand, sondern sein eigenes ungereinigtes Wesen. Wahrheit macht frei, Wahrheit fesselt nicht, Wahrheit engt nicht ein, Wahrheit nimmt Lasten ab, so gewiss Christus sagt: Ich nehme euch eure Last ab. Ein Wort, das Christus einem Menschen eingibt, ist daran kenntlich, dass es irgendeinem Menschen ein Last abnimmt. Wahrheit ist, wo der Horizont weit und frei wird, wo die Probleme der Menschheit transparent werden, wo das Leid gesehen wird und die Angst sich löst.

Die Wahrheit ist keine Mauer, Wahrheit trennt nicht, das tun nur die kleinkarierten Wahrheiten der Menschen. Wahrheit ist ein Weg. Ich bin der Weg, sagt Jesus. Wahrheit ist eine Brücke. Die Wahrheit verkündigen heißt über die Brücke zu anderen Menschen hinübergehen, wie Christus hinübergehen über den tiefen Abgrund des Hasses.

Wie die Farben im Regenbogen, 165

Jesus sagt: Das Reich Gottes ist wie ein Samenkorn, das in dich, Mensch, hineinfällt. Du bist der Acker, in dem es aufwachsen soll. Du bist der Ort, an dem es entsteht. Es ist innen in dir. Er sagt: Ich bin das Licht der Welt. Indem du glaubst, bist du selbst auf eben dieselbe Weise ein Licht der Welt. Du bist Reich Gottes, indem du das Licht spiegelst, das aus Gott ist.

Du bist für das Reich bestimmt, das kommende. Du kannst helfen, es vorzubereiten. Du bist auf alle Fälle mehr, als du von dir selbst hältst. Du bist ein Stück Zukunft in der Ratlosigkeit dieser Menschenwelt. ❧

Das Vaterunser, 50,
Das Evangelium, IV,49

Indem Jesus vom Brot spricht, sagt er dem verängstigten Wanderer in der Wüste: Lass die Sorge um dich selbst! Fass das Reich ins Auge. Fasse ins Auge, was du für das Reich Gottes tun kannst und für seine Gerechtigkeit, dann wird sich dein persönliches Schicksal ohne dein Zutun zu einem guten Ende kehren. Kümmere dich weder um dein hiesiges noch um dein ewiges Wohlergehen, weder um deinen hiesigen noch um deinen dortigen Zustand. Sieh zu, dass unter deinen Händen etwas Gerechtes geschieht. Alles andere überlass Gott. Denn Hoffnung entsteht nicht dort, wo ein Mensch sich ins Paradies verliebt, sondern dort, wo er hinter Jesus Christus her konkrete Schritte der Nachfolge geht. ❧

Eine Handvoll Hoffnung, 30-31

Du kannst ein Mund sein, durch den Gott dann und wann zu den Menschen spricht. Du kannst ein Auge sein, das mehr sieht als die Anderen, das die Nähe Gottes schaut und sie den Anderen zeigt. Du kannst ein Ohr sein, das mehr hört, als sonst zu hören ist im Lärm der Menschenwelt, und das den Menschen hörbar macht, was sie überhören. Du kannst eine Hand sein, durch die Gott in seiner Welt wirkt. ❧

Das Evangelium, IV,49

Du bist von dem, den Jesus den Vater nennt, umfangen. Was du siehst, ist er selbst. Was du nicht siehst, desgleichen. Ohne ihn ist nichts um dich oder in dir. Wie ein Meer umgibt er dich. Wie Luft und Licht. In unendlicher Gegenwart. Er ist es, oder es ist kein Gott. Nichts bist du, wenn er nicht ist. Alles bist du, eingefasst durch ihn. Nichts verstehst du an dir selbst anders als im Spiegel seiner Nähe. Nichts findest du, weder Ziel noch Sinn, wenn er dich nicht ruft und empfängt. Ein Gerufener bist du, darum rufst du ihn an. Du wirst Gott, den dreieinigen nicht verstehen, aber du wirst ihm antworten. Ihm antwortend aber verstehst du dich selbst. ❧

Erfahrung mit Gott, 402

D as »Reich Gottes«, so hören wir Jesus, beginnt in den Menschen. Geh also in dich selbst hinein und suche dort die Nähe Gottes, die in dich gesät ist wie in einen Acker. Aber bleibe nicht in dir. Verliebe dich nicht in dich selbst. Geh zu den Menschen! Sie brauchen dich. Du wirst Gott dabei begegnen. Aber das Entscheidende, das du suchst, hast du damit noch nicht. Es liegt in der Zukunft. Es liegt vor dir. Mach dich frei von allem, was dich hindert, und geh geradeaus dorthin, wo die Zukunft ist. Wo Gott ist.

Das Evangelium, II,14

Dieses Reich ist ein Reich Gottes. Das bedeutet, dass es nicht machbar ist, nicht durch Menschen. Man richtet das Reich Gottes auf dieser Erde nicht dadurch ein, dass man von Liebe spricht oder vom Vater überm Sternenzelt. Auch nicht dadurch, dass man unter den Menschen Zustände herstellt, die das Reich Gottes abbilden. Der Mensch macht Gott nicht. So macht er auch nicht seine Herrschaft. Sozialpolitik, Sozialethik, Sozialpädagogik sind unentbehrlich, aber sie bauen das Reich Gottes nicht. Dem steht nicht nur die Heiligkeit Gottes im Wege, an der der Mensch sich nicht vergreifen wird, sondern auch das Herz des Menschen. Dass aber das Menschenherz, das sich der Herrschaft Gottes versperrt, diesem Gott eines Tages Raum geben wird, dass es sich in seinem Leiden, Lieben und Glauben, so zwiespältig sie sein mögen, schon einzuüben vermag in jenes letzte, notwendige Raumgeben – dieser kühne Glaube liegt in dem Wort vom »Reich«.

Erfahrung mit Gott, 92-93

as Reich Gottes wird ein Fest sein, ein Fest der Freiheit im ewigen Zuhause. Mit dem heimkehrenden Menschen aber mündet die ganze Schöpfung in ihre ursprüngliche Lebendigkeit ein. Wer das Reich auf dieser Erde abbilden will, wird ein Liebhaber des Festes sein, der Fröhlichkeit und leibhaften Freude.

Erfahrung mit Gott, 96

esus sagt mir: Überall, wohin du gehst, kann Gottes Reich Gestalt finden. Du lebst in einem Haus des Streits, in einer Menschheit voll Gewalt und Krieg. Stifte den kleinen Frieden, der dir gelingt, so wird Gott mit dir sein. Du lebst in einer Umwelt voller Unrecht. Schaffe an irgendeiner Stelle ein wenig Gerechtigkeit, und du bist mitten im Reich Gottes. Du lebst unter verängstigten, leidenden, sich mühenden Menschen. Stifte ein wenig Nähe, und Gott ist dir nahe. Du lebst auf einer Erde, deren Leben unter den Menschen zugrunde geht, geh an irgendeiner Stelle mit ihr sorgfältiger um, und sie wird dir zur Erde Gottes werden. Geh dem entgegen, was kommen will, sagt mir Jesus. Bereite das Kommende vor. Gib ihm Raum. Deine Kraft und Phantasie sind nötig.

Das Vaterunser, 55

*L*ebendiger Christus, du hast dich geweigert,
Brot aus Steinen zu machen.
Du sagst, dein Wort ist mein Brot.

Aber auch das Brot aus der Erde ist von dir.
Seit Menschen leben,
bist du es, der sie speist.

Ich danke dir für das Brot der Erde
und für das Brot, das vom Himmel kommt.
Ich esse, was du gibst.

Ich möchte das Geheimnis begreifen,
dass ich von einem Wort leben soll.
Ich möchte in dein Wort eindringen,
bis es mir Brot ist.

Ich möchte das Geheimnis begreifen,
dass das irdische Brot von dir kommt,
Ich möchte es immer dankbarer essen,
bis ich dir begegne in meinem Brot.

Wie wir beten können, 146

Wenn die Bibel sagt, Gott habe den Menschen »zu seinem Bilde« geschaffen, dann meinte sie nicht, der Mensch sehe aus wie Gott oder Gott wie ein Mensch. Sie meinte vielmehr, der Mensch sei geschaffen als ein Gegenüber zu Gott. Er sei begabt mit dem Geist Gottes, er lebe aus ihm und stehe vor Gott, ihn spiegelnd. Er sei fähig zu verstehen, was Gott mit ihm gemeint hat, und fähig, Gott auf dieser Erde zu vertreten.

So sagt Jesus: »Ich bin das Licht der Welt«, und er sagt es zugleich den Menschen um ihn her: »Ihr seid das Licht der Welt.« Es ist wie ein Fließen von Licht von Gott her über Jesus Christus hin zu den Menschen, die nun, erhellt und erleuchtet, den Auftrag ihres Daseins erfüllen sollen.

Lichter und Geheimnisse, 75

Ich bin der Herr, dein Gott. Wenn das gilt, dann wirst du keine anderen Götter neben mir haben.« Das bedeutet: Du wirst sie nicht nötig haben. Du wirst anderen Göttern nicht verpflichtet sein: weder den Göttern oder Dämonen von früher noch dem Aberglauben deiner eigenen Zeit. Weder dem Glauben an die Zukunft noch dem Zeitgeist noch dem Pflichtdenken, dem du als Bürger deines Landes, als Angehöriger deiner sozialen Schicht, deiner Kultur oder deines Berufs unterworfen bist. »Ich bin der Herr, dein Gott.« Das bedeutet: Ich bin da. Ich bin dir voraus. Ich bin um dich. Ich stehe dir bei. Wozu solltest du irgendeines Menschen Knecht sein?

Erfahrung mit Gott, 327

ie Zukunft hat ihren Namen daher, dass etwas auf dich zukommt. Dass sie eine Ankunft bringt: die Ankunft Gottes. Wenn du nun sein Bild sein willst, dann sei eine oder einer, der überall dort ankommt, wo auf sie oder ihn gewartet wird. Bleibe nicht in dir selbst. Steh nicht in der Ferne herum. Sei nahe den Menschen, den Geschöpfen und der ganzen Wirklichkeit, tu den Schritt aus dir hinaus jeden Tag und jeden Augenblick. Denn alles, was die Welt außer dir noch hat, wartet auf dein Kommen, auf deine Nähe, auf deine Güte. Du wirst dabei noch erfahren, dass dir Gott spürbarer entgegenkommt, wo du den Schritt auf irgendeinen Menschen zugehst.

Dornen können Rosen tragen, 214

Das Reich Gottes entsteht nicht dadurch, dass wir es bauen. Es wird nicht fertig dadurch, dass unsere Arbeit fertig wird. Es reift nicht dadurch, dass wir zu Ende reifen. Es vollendet sich schon eher, indem unser eigenes Leben und unsere Menschengestalt sich in den Händen Gottes vollenden. Der Trost für die Träumenden, denen die Zukunft gehört, ist der, dass in ihren Händen nichts fertig zu werden braucht. Gott wird verwandeln, was an uns unzureichend blieb, unsere kleine Leistung, unseren kleinen Glauben, den kleinen Ertrag unseres Lebens. Wir werden nicht gemessen an dem, was fertig wurde, sondern an dem, was durch die Gnade Gottes in diesem Leben angefangen hat, was, noch so unscheinbar, in ihm entstand als ein Zeichen dessen, was kommen soll.

Erfahrung mit Gott, 457-458

Vor unserer Hand sind Aufgaben. Wir sollen ein Stück Welt verändern so, dass Menschen sich finden, die getrennt waren, dass Menschen geschützt sind, die ohne Schutz zugrunde gehen; wir sollen denen Wege zeigen, die keinen Weg wissen, oder den Versklavten Freiheit bringen. Aber dass in diesem Bemühen Zukunft liegt, dass darin die Ankündigung einer neuen Welt liegt, das ist es, was die Menschheit, seit Jesus über diese Erde ging, an dem fremden Wort vom »Reich Gottes« ergriffen und nicht mehr losgelassen hat.

Erfahrung mit Gott, 93

Gott weiß alle Dinge. Er kennt auch mich. Vor seinen Augen ist ein Bild von mir. Vor seinen Augen ist mein Wesen klar. Vor seinen Augen hat mein Leben seine Ordnung und haben meine kleinen Dinge, was sie vor meinem Herzen nicht haben, ihren guten Zusammenhang. Denn Gott ist größer. ❧

Der große Gott und unsere kleinen Dinge, 85

Mein Gott, dich suche ich.
Meine Seele verlangt nach dir.
Ich dürste nach dir,
wie trockenes Land nach dem Regen dürstet.

Ich schaue nach dir,
deine Nähe zu erfahren.
Denn deine Güte allein
gibt meinem Leben Sin.

So will ich dich rühmen mein Leben lang
und meine Hände ausstrecken
nach dir, der so nahe ist,
und dich mit ganzem Herzen preisen.

Das ist meines Herzens Freude und Wonne,
dich mit fröhlichem Munde zu rühmen.
Wenn ich mich zu Bette lege, so denke ich an dich,
Wenn ich wach liege,
sinne ich deinem Geheimnis nach.

Denn du bist mein Helfer,
in deinem Schutz bin ich glücklich.
Meine Seele hängt an dir,
und deine Hand ist mein Halt.

Psalm 63
Gib den Augen meines Herzens Licht, 145

Oktober

DAS NOTWENDIGE TUN

Gott, du, deines Mantels Saum
möchten wir berühren.
Einen Hauch, ein Wehen kaum
gib uns zu verspüren.

Lass, du Dunkler, der so fern,
Licht ins Dunkel scheinen,
dass sich wie in einem Stern
Erd und Himmel einen.

Sprich, du Naher, unsrem Leid
nur ein Wort zu, leise,
heilend, das in Angst und Not
uns den Frieden weise.

Eins in dir sind Zeit und Raum,
eins sind Not und Fülle,
Gott, in deines Mantels Saum
unsre Armut hülle.

Der Singvogel, 27

Ich liebe den Herbst besonders. Das Laub fällt. Die Bäume lichten sich. Ihre eigentliche Gestalt wird sichtbar. Wälder, Gärten, Alleen werden freier und klarer. Die Landschaft öffnet sich. Wenn wir unser Geschick im Baum und nicht in den Blättern sehen, dann deutet der Baum selbst, was mit uns geschieht. Dann wird der Herbst schön. Das Laubwerk nimmt die Farbe der Erde an und geht in die Erde ein. Es fällt wie ein Kleid. Der Baum selbst aber gibt nicht nur die Blätter ab. Er holt seine Säfte zusammen. Er sammelt sich. Er ruht unter Nebel und Regen, Reif und Schnee, bis das neue Kleid sich um ihn legt. ✆

Was bleibt, stiften die Liebenden, 240-242

Warum eigentlich ist der Herbst für so viele die Zeit aufkommender Schwermut? Vielleicht darum, weil die elementare Verbindung zum Geschehen draußen in der Natur und drunten unter unseren Füßen fehlt? Leiden sie nicht desto wehrloser unter den Zeichen des Sterbens, unter Herbstlaub und Regen, Nebel und früher Dämmerung, je schwächer ihre Wurzeln sind? Vielleicht müssen wir alle neu beginnen, das Stehen zu üben, das der Herbst fordert. Wir sollen ja unser Leben weder wegwerfen noch festhalten. Denn ob wir uns nach dem Tode sehnen oder uns vor ihm ängsten, was uns immer wieder fehlt, ist der einfache Mut, es mit dem Leben aufzunehmen, solange es uns gegeben ist. ॐ

Was bleibt, stiften die Liebenden, 245

Wir werden Gott begegnen, denn Gott hält uns umfangen von der Vergangenheit und von der Zukunft her. Dieser Gott aber wird nicht eine unbekannte Macht sein, nicht ein Zufall, nicht ein blindes Schicksal, er wird vielmehr das Gesicht tragen, das wir kennen: das Gesicht des Jesus Christus. Wir gehen also Christus entgegen. Wie das aussehen wird, können wir nicht wissen, und ich möchte vor all jenen warnen, die es zu wissen vorgeben. Aber es ist immerhin das einzig Gewisse, das die Zukunft für uns bereit hat.

Eine Handvoll Hoffnung, 138-139

Du bist keines Mensch Knecht. Aber es gibt Menschen, die du ehrst: deine Eltern. Oder jene, von denen du gelernt hast oder denen du Wahrheit verdankst. Du wirst Menschen ehren, wenn sie an der Stelle stehen, an der du dem Geheimnis deiner eigenen Herkunft begegnest. Du wirst Menschen aber auch ehren, wenn sie deiner Hilfe bedürfen, denn in ihnen begegnest du Jesus. Ordnungen, Sitten, Bräuche wirst du achten, aber nicht ehren. Deinen Vorgesetzten wirst du achten, wenn er es verdient. Aber eher ist ein der Hilfe Bedürftiger ein Bote von Gott als der Vorgesetzte, und der Ehre, die Gott gebührt, wird jener eher würdig sein als dieser. Du wirst auch unterscheiden zwischen den Meinungen deiner Eltern und deinen Eltern selbst. Ihre Meinungen achte, aber deinen Weg lass dir von deinem Gott zeigen. Du bist frei. Du brauchst deine Selbstständigkeit nicht zu betonen. Du bist fähig, andere zu ehren. 🙞

Erfahrung mit Gott, 328-329

Das Mitgefühl wird eine der Tugenden der Zukunft sein. Es war sie immer, aber es wird sie in einer Unentbehrlichkeit werden, von der wir bislang kaum eine Ahnung besitzen. Das gemeinsame Leben von Mensch und Erde wird davon abhängen, ob dieses Mitgefühl unser Denken und Tun bestimmen wird oder nicht. Es äußert sich in Sorgfalt, Aufmerksamkeit, Rücksicht, Behutsamkeit, in der Fähigkeit, eigene Interessen zurückzustellen, und in Liebe zu allem, das des Mitgefühls bedarf, um leben zu können. Mitgefühl ist Ehrfurcht vor dem Wehrlosen, dem Schwachen, dem Tod Verfallenen, und es ist ein Geschenk des Lebens an den, der leidet unter dem Mangel an Lebenskraft und Lebendigkeit. ❧

Dornen können Rosen tragen, 317

as wäre einzuüben: Auch wo sich alles in uns sträubt, das Schicksal eines Anderen mit zu tragen, dennoch den eigenen Willen einzubringen und die eigene Zeit und Kraft. Ein wenig Stellvertretung zu versuchen oder doch den Beistand, den der Andere braucht. Jedenfalls: Das Kreuz aufzunehmen bis an den Punkt, an dem wir es ablegen dürfen.

Das Evangelium, VII,94

Ich sehe dich vor mir, Christus.
Ich höre dein Wort. Du meinst mich.

Selig sind die Armen,
denn in ihnen ist deine Liebe.

Mache mich zu einem deiner Armen.

Selig sind, die Leid tragen,
denn sie sollen getröstet werden.

Selig sind, die ihr Leid hilflos erleiden,
und selig, die es tragen
mit der Kraft deiner Liebe.
Selig sind sie, denn du leidest in ihnen.

Gib mir im Leid deine Liebe,
so bin ich dein.

Selig sind, die geduldig sind und freundlich,
denn sie werden die Erde besitzen.

Selig sind, die hoffen können, bis Frucht wächst,
die deiner schaffenden Kraft vertrauen
und keiner Gewalt bedürfen.

Gib mir die Stille, auf deiner Erde zu wirken,
mit und von deiner großen Kraft.

Nach Mattäus 5
Gib den Augen meines Herzens Licht, 69-70

Selig sind, die hungert und dürstet
nach deiner Gerechtigkeit, Christus,
denn sie sollen satt werden.

Sie werden denen Gerechtigkeit schaffen,
die das Brot suchen und die Freiheit.
Mache mich hungrig, damit ich wach werde,
damit Gerechtigkeit geschieht durch mich
und viele satt werden durch meine Hand.

Selig sind die Barmherzigen,
denn sie werden Barmherzigkeit erlangen.

Glücklich, die die Wehrlosen hüten,
die ein Ohr haben für die Verzweiflung,
ein Auge für die wortlose Klage,
eine Hand für die hilflose Schwäche.
Mache mich barmherzig,
denn nichts bin ich ohne deine Barmherzigkeit.

Selig sind, die reinen Herzens sind,
denn sie werden Gott schauen.

Rein ist mein Herz,
wenn ich mich nicht mehr fürchte vor Befleckung,
vor Krankheit und Elend der Menschen,
und wenn dein Licht durch mich
dorthin fällt, wo Gott verborgen ist.
Lass mich dich schauen in der Dunkelheit.

Nach Mattäus 5
Gib den Augen meines Herzens Licht, 70

Selig sind, die Frieden schaffen,
denn sie sind Söhne und Töchter Gottes.

Selig, die den Streit beenden
und nicht ausschauen nach irgendeinem Sieg,
Selig die Schutzlosen, deren Hände schützen.
Sie spiegeln dich, Christus, auf dieser Erde,
du Bringer des Friedens, gib mir Frieden
und gib der Erde Frieden durch mich.

Selig, die um der Gerechtigkeit willen
verfolgt werden, ihrer ist das Reich der Himmel.

Sie werden verfolgt werden, wie du, Jesus.
Sie werden leiden mit dir.
Sie werden deine Gerechtigkeit ausbreiten
und dein Reich den Verfolgern öffnen.
Christus, sei bei mir in der Bedrängnis,
damit ich stehe wie du.

Nach Mattäus 5
Gib den Augen meines Herzens Licht, 71

Jesus sagt mir:
Lege zwei Lasten ab:
den Hass und die Gewalt.
Warum den Hass?

Solange du gegen irgend jemanden Hass
empfindest,
kannst du ihn nicht verstehen.
Du verstehst einen Menschen nur wirklich,
wenn er sich dir gegenüber öffnet.
Das tut er nur, wenn ihm kein Hass
entgegen kommt.
Willst du irgendeinem Gegner gegenüber
sinnvoll und richtig reagieren,
musst du ihm Güte entgegenbringen.
Anders streitest du gegen ein Phantom.
»Liebe deinen Feind« –
das ist keine Träumerei,
sondern Realpolitik.

Aus einem Vortrag

Warum ist es gut, die Gewalt abzulegen?
Jede Gewalt trennt dich
von dem Menschen, dem sie gilt.
Solange du Gewalt ausübst,
kannst du nichts für die Heilung der Verhältnisse
unter den Menschen tun.
Das gilt auch,
wenn du Gewalt in Worte fasst,
und auch, wenn du Gewalt nur denkst.
Behutsamkeit und Nachdenken sind besser.

Aus einem Vortrag

Versuche es mit der Wahrheit.
Bist du sicher, dass die Wahrheit
nicht gegen dich spricht?
Nimm an, du kennst sie gar nicht.
So trage wenigstens das,
was du für Wahrheit hältst,
ins Gespräch ein als deinen Beitrag.
Anders wirst du aus den Maschen
der Täuschungen und der Irrtümer
nicht freikommen.

Aus einem Vortrag

Willst du etwas für den Frieden tun?
Dann wolle nicht siegen.
Solange du siegen willst, bist du im Krieg
und willst gewinnen.
Wer irgendwo noch gewinnen will,
stiftet keinen Frieden.

Willst du etwas für die Gerechtigkeit tun?
Gerechtigkeit zwischen den Armen und
den Reichen?
Zwischen den Jungen und den Alten?
Dann suche für dich selbst kein Recht,
sonst entgeht dir, dass auch andere Recht haben.
Wer noch sein Recht sucht,
schafft keine Gerechtigkeit.

Aus einem Vortrag

Jesus sagt:
Du bist gejagt von deiner Sorge um dich
selbst. Lege sie weg.
Vertraue. Du musst dich gegen niemanden
behaupten. Tu das Deine in Frieden.
Du fürchtest, im Kampf um deinen Platz im
Leben den Kürzeren zu ziehen. Lass die Furcht.
Zieh ihn, den Kürzeren.
Du hast Angst, dass dir etwas entgeht. Lass sie.
Lass es dir entgehen.
Du streitest gegen alle möglichen Feinde und
Konkurrenten.
Lass das. Du hast keine Feinde.
Du suchst Macht über die Jungen oder du suchst
Macht über die Alten. Du suchst Macht über die,
die unten sind, oder gegen die, die oben sind.
Warum? Lebe freundlich und strahle Gelassenheit
aus. Und verändere an den Strukturen deiner
Umwelt, was du im Frieden tun kannst.

Aus einem Vortrag

Du willst oben auf sein. Mehr sein als andere. Lass das, lass dich missachten. Du prozessierst, wenn du im Recht bist. Lass das. Suche in deinem Gegner einen Menschen wie dich selbst.

Du willst, dass du Recht hast. Lass das, sage schlicht, was wahr ist.

Du bist darauf aus, anderen gegenüber etwas darzustellen, aber wichtiger ist, dass du deine dir zugedachte wirkliche Gestalt findest.

Du wirst mit alledem für einen Träumer gehalten. Störe dich nicht daran. Du hast die Zukunft auf deiner Seite.

Das Besondere an den Weisungen, die uns Jesus gibt, ist dieses Durchgehende: Lass es. Es ist unnötig. Sei, was du bist. Sei, was Gott in dir sieht. Und lass den Anderen gelten. Das Besondere ist, dass das Tun eines Christen frei aus einem gelassenen Menschen heraus geschieht. Und dass er seine Gelassenheit aus der Nähe eines vertrauenswürdigen Gottes nimmt.

Aus einem Vortrag

Verlange nicht, als Weiser zu gelten.
So wirst du viel Weisheit erlangen.

Halte dich nicht für erleuchtet,
so wirst du dem Licht Gottes Raum schaffen.

Lass dich los.
So bekommst du dich selbst in die Hand.

Liebe und geh an deine Arbeit.
Du wirst nicht nach ihrem Sinn fragen müssen.

Niemand steht über dir, außer Gott allein.
Du kannst also für deine Überzeugung stehen
und gegen jeden Trend und jede Macht.

Wisse: Es gibt keine Antwort.
Aber gib die deine.

In dir ist Frieden,
also übe dich in der Kunst, Frieden zu stiften.

Du hast dein Ziel vor dir.
Du kannst also leben und glücklich sein.

Die Urkraft des Heiligen, 441

Wolle nicht dich selbst verwirklichen.
So gewinnst du dich selbst.

Scheue dich nicht, den Kürzeren zu ziehen,
Das ist der Weg zur Gerechtigkeit.

Lass dir etwas entgehen.
So gibst du den Menschen um dich her
mehr zum Leben.

Wolle nicht Recht haben.
Das ist der Weg zur Gemeinschaft mit den
Rechthabern.

Sorge nie nur für dich selbst.
Das ist der Weg zum Glück.

Warte nicht für alles auf einen Lohn.
Das ist der Weg zur Erfüllung.

Versuche nicht, dich zu sichern.
So wirst du frei und dein Weg offen sein.

Die Urkraft des Heiligen 440

Ich weiß nicht, wer ich bin.
Aber es ist einer, der es weiß.

Ich weiß nicht, was aus mir wird,
Aber es ist einer, der es weiß.

Ich scheitere nicht, wenn ich versage.
Mich fängt einer auf.

Ich muss meinen Wert nicht selbst herstellen.
Er ist bewahrt.

Ich bin ein Sack, angefüllt mit Fehlern,
aber ich brauche nicht zu bleiben, was ich bin,
Mir steht eine Wandlung bevor.

Ich bin keine Schönheit,
aber das muss ich auch nicht sein.
Ich bin geliebt.

Ich ängste mich nicht.
Ich steh in Gottes Hand und werde in ihr bleiben.

Ich verlasse mich auf den, der mir sagt:
Wenn du durch Feuer gehst, wirst du nicht brennen.
Es ist viel Streit in mir und um mich her.
Aber ich lebe im Frieden.

Ich bin ein freier Mensch.
Ich kann aufatmen und leben.

Die Urkraft des Heiligen, 439-440

Gott des kommenden Reiches,
wir danken dir,
dass du unserem kleinen Leben
diesen großen Sinn gegeben hast:
mit dir zu wirken,
mit dir Gerechtigkeit zu schaffen
und Frieden auszubreiten.
Du willst, dass wir ohne Gewalt,
allein in Glauben und Geduld
deine Liebe zu denen bringen,
die an Liebe nicht glauben.

Nichts haben wir als deine Kraft.
Wir verlassen uns auf sie,
denn der Wind steht uns entgegen
und macht uns müde und verzagt.
Wir glauben an deine Güte,
aber immer noch auch an die Gewalt.
Nichts hilft, als dass wir uns verlassen
auf deine Nähe und deine Kraft.

Um ein Zeichen bitten wir dich:
Um die Stille, in der du nahe bist,
damit etwas reift auf deinem Feld
und etwas sichtbar wird von deinem Reich.

Wie wir beten können, 195

Ich glaube, dass Gott uns in jeder Situation so viel Kraft geben wird, wie wir brauchen.

Aber es gehört zu meinem Glauben, dass er sie uns nicht im Voraus geben wird, so dass wir uns in dem Bewusstsein wiegen könnten, es sei unsere Kraft, die seinen Willen erfüllt.

Das christliche Bekenntnis, 107

Es geht ums Unterscheiden. Wir müssen unterscheiden lernen zwischen unserem Glauben und unseren Meinungen, damit wir unseren Bruder unterscheiden lernen von unserem Vorurteil über ihn und die Wahrheit vom Kampfruf unserer Partei. Unterscheiden aber ist eine der Gaben, die Gottes Geist gibt.

Erfahrung mit Gott, 377

Es ist niemand so von Dunkelheit umgeben, dass er nicht anderen noch ein Licht sein könnte. Und niemand ist so selbstgewiss, dass er nicht den Schein eines Lichts brauchte. Du brauchst kein Heiliger zu sein, aber ein wenig davon kann in uns allen entstehen: Heilige sind Menschen, die es anderen leichter machen, trotz ihres Elends und ihrer Angst zu glauben, dass Gott sie in seiner guten Hand hält.

Ich wünsche dir Genesung, 34

Manchmal merkst du, dass einer nicht recht bei sich selbst ist, daran, dass er danebengreift. Eine Tasse fällt ihm aus der Hand, der Kopf stößt an die Schranktür, der Fuß stolpert über die Schwelle. Irgendetwas fügt sich nicht. Dann braucht er einen Engel. Der sagt ihm: Setz dich. Denk an etwas, das dir gut tut. Denk an einen Menschen, den du gern hast. Und so kommst du zu dir selbst. Du kommst auch wieder zu den Dingen und kannst sie sehen und ordnen. Dein Leben gelingt mit der halben Kraft. Und aus der Gelassenheit bewältigst du, was du jetzt tun musst. 🕊

Meine Gedanken sind bei dir, 16

Ich bin dankbar für ein langes Leben. Für Menschen danke ich, die ich liebte, die mir wichtig waren, Lehrer und Weggenossen. Für viel Erfahrung, für Tun und Werden. Ich brauche nicht zu beweisen, wie viel ich noch tauge, wie viel ich noch kann, wie groß meine Kräfte sind. Die kleinen Dinge werden es sein, die irgendwann Zeichen waren für Begegnungen und Erfahrungen. Ein Bild an der Wand. Ein Stein. Eine getrocknete Blüte. Ein Foto. Briefe vor allem, lesbare Morgen- und Mittagstage des Lebens.

Ich werde gerne alt, 16

Das Erwachen zur Liebe geschieht,
wo die Seele sich bildet
nach dem Bild des Christus,
wo sie die verborgene Ebenbildlichkeit
gewinnt mit dem leidenden,
dem auferstehenden Christus.

Sie sagt nicht: Ich habe es geschafft!
Nun liebe ich.
Sie steigt nicht zum fröhlichen Licht auf,
sondern steigt ab mit ihm,
den Gefangenen eine Tür aufzutun,
den Blinden Licht zu bringen
und den Niedergebeugten die Erlösung.

Wenn die Seele aus ihrer Schwachheit
zur Liebe erwacht,
so erwacht sie zur Barmherzigkeit.

Was bleibt, stiften die Liebenden, 127

Gelassenheit ist eine Art anhaltender Geistesgegenwart, die den Horchenden und Schauenden souverän macht, unabhängig, vornehm, gesammelt und bescheiden zugleich. In der Gelassenheit liegt das Vertrauen, dass die Klaviatur des Lebens nicht nur eine Oktave umspannt, sondern mehrere, über die Hörfähigkeit eines menschlichen Ohrs hinaus unendliche. Und dass ihre Töne unser Ohr finden in dem Augenblick, in dem sie uns bestimmt sind. ❧

Heitere Gelassenheit, 82

Glaube nie an das Märchen, du müsstest mit dem, was du lesen, genießen oder tun willst, warten, bis du alt wirst und dein Beruf dich freigibt. Was wichtig ist, muss heute geschehen, und viele bemerken zu spät, dass, was sie sich für ihr Alter vorbehalten haben, nicht mehr kommt.

Die goldene Schnur, 37

Ich meine, durch Gelassenheit, die lässt, was nicht sein muss, die sich verlässt auf den wissenden und liebenden Gott, könnte ganz von selbst manches in uns ins Reine kommen, das wir mit all unseren Bemühungen nicht rein bekommen können.

Dass nichts auf Leistung und Bewährung beruht, ist der Quellort der Hoffnung. Solange Sinn und Gelingen vom Beitrag des Menschen abhängen, ist keine Hoffnung möglich. Wer an seine Leistung glaubt, wird in der Hoffnung der Wartenden die Selbsttröstung von Irrenden sehen müssen. Eine Welt, in der das Lebensrecht auch nur eines Menschen nach seiner Leistung bestimmt wird, ist eine Welt ohne Hoffnung. »Du brauchst nicht. Du darfst.« Das ist der Ursprung des Glücks, dem Dauer bestimmt ist.

Der große Gott und unsere kleinen Dinge, 61
Erfahrung mit Gott, 27

Ich sitze vor dem Haus meiner Seele,
nun, da ich alt bin.
Die Figuren meiner Phantasie treiben ihr Spiel
im Garten vor mir.
Die Gestalten meiner Erinnerungen
gehen aus und ein
und reden mit mir über längst Gewesenes.

Für das, was gut war, dankbar sein.
Niemand anklagen für vergangene Dinge.
Von niemand Dankbarkeit fordern.
Wenig von aller Leistung halten,
der eigenen vor allem,
und lächeln über den Stolz, der nicht loslassen will.

Es ist Abend. Ich suche Frieden.
Der Tag war lang und voll Mühe.
Wichtig ist nicht, was ich mitbringe –
das lege ich aus der Hand –,
sondern was ich empfange;
nicht, was ich sage, sondern was ich höre.
Darum ist auch mein Gebet mehr als ein Reden.
Es ist Ruhen.
Leise Heimkehr in Gott,
Heimkehr in den Frieden.

Ich werde gerne alt, 24
Wenn der Abend kommt, 4

Ich denke zurück.
Ich gehe noch einmal den Weg
durch alle meine Jahre.
Nicht an meine Leistung denke ich.
Sie ist gering.
Nicht an das Gute, das ich getan habe.
Es wiegt leicht gegen die Last des Versäumten.

An das Gute, das du mir getan hast,
denke ich und danke dir, Gott.
An die Menschen, mit denen ich gelebt habe,
an alle Freundlichkeit und Liebe,
von der ich mehr empfangen habe, als ich wissen kann.
An jeden glücklichen Tag und jede erquickende Nacht.
An die Güte, die mich bewahrt hat
in den Stunden der Angst und der Schuld
und der Verlassenheit.

An das Schwere, das ich getragen habe, denke ich.
An Jammer und Mühsal, deren Sinn ich nicht sehe.
Dir lege ich es in die Hand und bitte dich:
Wenn ich dir begegne, zeige mir den Sinn.
Ich denke zurück, mein Gott, an all die vielen Jahre.
Mein Werk ist vergangen,
meine Träume sind verflogen, aber du bleibst.
Lass mich nun im Frieden aufstehen
und heimkehren zu dir,
denn ich habe deine Güte gesehen.

Wie wir beten können, 202

November

WO DIR TRAUER BEGEGNET ODER
LEID, DA IST ES ZEIT FÜR VIEL ZEIT

Von langen Straßen, mühsamen Wegen,
kommen wir, Gott, nun komm uns entgegen.
Öffne die Tür und lass alle Müden
ruhen in dir, ruhen im Frieden.
Fern war das Ziel, lang war die Zeit,
Mach uns zu neuem Wandern bereit
in deiner Kraft, mit deinem Segen,
bis wir dich finden in Ewigkeit.

Der Singvogel, 80

Wenn du etwas Schönes siehst, dann lass dir Zeit. Wo etwas Heilendes geschieht, da bleib lange stehen. Ein Zeitverschwender aber wirst du sein müssen, wenn jemand deine Liebe braucht, deine Hilfe oder deinen Trost. Wo dir Trauer begegnet oder Leid, da ist es Zeit für viel Zeit. Denn die Zeit weitet sich, wo Wichtiges geschieht. Am Ende wird kaum etwas Schöneres über dich gesagt werden können als: »Er – oder sie – hat Zeit für mich gehabt.« Und das will heißen: Er hat ein Stück von sich für mich hingegeben.

Die goldene Schnur, 37

s gibt Zeiten im Leben, in denen die Sonne untergeht. Dann ist es wichtiger, geduldig zu sein als tüchtig. Dann ist es besser, Schmerzen ertragen zu können als zu arbeiten. Dann ist es nötiger, sich in andere zu fügen als zu befehlen, sinnvoller, die Einsamkeit zu bestehen als mitzureden. Es sind die Zeiten, in denen sich zeigt, wer ich in Wahrheit bin. ❧

Wenn der Abend kommt, 8

Es mag sein, dass wirklich abgründige Trauer ein Leben so selten befällt wie wirklich überwältigende Liebe. Es mag sogar sein, dass beides nur einmal wirklich erfahren wird. Aber einmal müssen sie wohl durchschritten werden, damit das Herz nicht bei den voreiligen Tröstungen stehen bleibt, die man ihm anbietet. Einmal muss wohl der Karfreitag durchgestanden werden um der Wahrheit und um der Hoffnung willen. Denn was ein Morgen ist, wird nur der wissen, der die Nacht durchhielt.

Erfahrung mit Gott, 256-257

Ein Hirt saß bei seiner Herde am Ufer des großen Flusses, der am Rande der Welt fließt. Wenn er Zeit hatte und über den Fluss schaute, spielte er auf seiner Flöte. Eines Abends kam der Tod über den Fluss und sagte: »Ich komme, um dich nach drüben mitzunehmen. Hast du Angst?« »Warum Angst?«, fragte der Hirt. »Ich habe immer über den Fluss geschaut. Ich weiß, wie es drüben ist.« Und als der Tod ihm die Hand auf die Schulter legte, stand er auf und fuhr mit ihm über den Fluss, als wäre nichts. Das andere Ufer war ihm nicht fremd, und die Töne seiner Flöte, die der Wind hinübergetragen hatte, waren schon da. ❧

Die leisen Kräfte, 45

ür manche unter uns beginnt das Jenseits, wo von Gott die Rede ist, und Gott ist »drüben«. Für den Anderen ist Gott nahe in seinen täglichen Erfahrungen, also im »Diesseits«. Er sagt: »Gott ist bei mir«, und hat Recht. Denn für jeden ist das Diesseits so groß wie die Erfahrungen, die er macht, und so groß wie die äußere und innere Welt, in der er lebt. Es gibt nicht zwei Welten. Es gibt nur eine Welt. Und von der nehmen wir verschieden viel wahr. Für den Einen beginnt das Jenseits vor seiner Haustür, für den Anderen tief im Geheimnis Gottes.

Unter dem weiten Himmel, 29

Mein Herz sucht einen Weg zu den Toten, die ich geliebt habe. Ich weiß, sie leben in Gott. So versenke ich mich in Gott, um sie zu finden. Ich rede zu Gott und finde das Ohr derer, die ich liebe. Ich bringe Gott meine Liebe und weiß, dass sie mir nahe sind. Gottes Gedanken sind nicht meine Gedanken. Seine Wege sind nicht unsere Wege. Er aber ist nicht ein Gott von Toten, sondern von Lebendigen, und wir alle sind eins in ihm.

Wenn der Abend kommt, 32

Dass du unberührt bleiben mögest von Trauer, unberührt vom Schicksal anderer Menschen, das wünsche ich dir nicht. So unbedacht soll man nicht wünschen. Ich wünsche dir aber, dass dich immer wieder etwas berührt, das ich dir nicht so recht beschreiben kann. Es heißt »Gnade«. Gnade ist ein altes Wort, aber wer sie erfährt, für den ist sie wie Morgenlicht. Man kann sie nicht wollen und nicht erzwingen, aber wenn sie dich berührt, dann weißt du: Es ist gut. ❧

Mehr als drei Wünsche, 7

Die Trauer ist wie ein Gang über eine Brücke hinüber und herüber. Hinüber, dorthin, wohin der Andere ging. Und zurück, dorthin, wo man mit ihm war alle die Jahre des gemeinsamen Lebens. Und dieses Hin- und Hergehen ist wichtig. Denn da ist etwas abgerissen. Die Erinnerung fügt es zusammen, immer wieder. Da ist etwas verloren gegangen. Die Erinnerung sucht es auf und findet es. Da ist etwas von einem selbst weggegangen. Man braucht es. Man geht ihm nach. Man muss es wiedergewinnen, wenn man leben will. Man muss das Land der Vergangenheit erwandern, hin und her, bis der Gang über die Brücke auf einen neuen Weg führt.

Trauer hat heilende Kraft, 16

Die Schwermut kann, wenn sie sich nicht einschließt in einen erstarrenden Menschen, eine tiefe Einsicht in das Wesen und die Bestimmung des Menschen eröffnen. In dem Maße, wie wir begreifen, wie verletzlich, wie auf Verwundung, Vereinsamung und Tod hin wir Menschen angelegt sind, könnten wir Menschen werden, deren Bestimmung sich erfüllt. Wir könnten die Frage nach dem Sinn mit der Aussicht auf eine Antwort stellen. Wir könnten in der Trauer, die ein Tor zur Weisheit ist, Barmherzigkeit aufbringen für die Ohnmacht und Verletzlichkeit des Anderen. Wir könnten an unseren Grenzen Halt machen, vor der unendlichen Menge ungelöster Fragen, ehrfürchtig und schweren Herzens.

Erfahrung mit Gott, 227-228

Das Eine weiß ich doch, dass mein Verstand zu klein ist, Gott und sein Geheimnis zu fassen. Wenn ich ernsthaft über diese Welt und über das Dasein der Menschen nachdenke, muss ich von Gott reden und weiß doch, dass ich nichts von ihm weiß. Ich bin ein kleiner Mensch und kann das Unendliche nicht fassen.

Die wichtigsten Fragen, die wir stellen können, sind die unlösbarsten. Es gibt keine direkte Antwort auf die Frage nach dem Sinn des Lebens. Aber es gibt einen Glauben, der so ist, dass wir unsere Frage aus der Hand legen können. Er gibt zwar keinen Bescheid, aber den Frieden, und der Friede ist mehr als das Bescheidwissen. Die Einsicht aber, dass die Mitte der Nacht der Anfang des Tages ist, dass in der Dunkelheit menschlicher Angst der Tag Gottes anbricht, ist die Frucht, die aus dem Frieden erwächst. 🙢

Grüße zur Heiligen Nacht, 17
Die Mitte der Nacht, 11

Niemand braucht zu wissen, wo die Toten sind. Nichts ist uns darüber gesagt. Vielleicht sind sie uns näher als wir ahnen. Vielleicht ist nur eine dünne Wand zwischen der Welt der Toten und der Lebenden. Vielleicht ist es erlaubt, zu vermuten: So nahe Gott ist, so nahe können die Toten sein, denn sie sind in Gott. Aber mehr sich auszudenken ist müßig.

Jesus ist nicht gekommen, um unsere Warum-Fragen zu beantworten, sondern um uns durch die dunkle Landschaft unserer Fragen zu begleiten. Er sagt nicht: Das ist die Lösung! Sondern: Ich bin da. Ich bin bei dir bis ans Ende, und damit sage ich: Gott ist bei dir. Er geht dir in meiner Gestalt voraus. Geh mit.

Erfahrung mit Gott, 252
Die goldene Schnur, 114

Ums Haus geht schon der Abendwind.
Die Nacht kommt uns zu decken.
Die Nacht ist lang. Sie macht uns blind.
Die Finsternis will schrecken.

Um manches Fenster weht es kalt,
und viele sind verlassen.
Du wirst uns freundlich, wirst uns bald
in deine Arme fassen.

Ja, Mensch und Tier und Blum und Baum
wirst du mit Trost erfüllen,
in guten Schlaf, in sanften Traum
wie einen Mantel hüllen.

Du gehst wie Windhauch durch die Nacht
und hüllst uns in dein Schweigen.
Du hast die Nacht uns zugedacht,
um uns das Licht zu zeigen.

Du gehst wie fremd durch diese Zeit,
da uns die Ängste treiben.
Gib uns den Mut, mach uns bereit,
auf deinem Weg zu bleiben.

Der Singvogel, 34

Wenn du fragst, was denn im Tod aus dir werde – ich kann nur sagen, was ich glaube. Es wird viel von dir abfallen. Und es wird dir viel neu zuwachsen. Aber du wirst wieder ein Wesen sein, das fähig ist zur Erfahrung, zum Leiden, zum Lieben und Glücklichsein. Ein Wesen, das einen neuen Auftrag hat im großen Zusammenhang des Gottesreichs. Du wirst zu Hause sein in einer anderen Welt. Du wirst in neuen Zusammenhängen leben, auch in neuen Gemeinschaften. Wie das aussieht, kann ich nicht wissen. Aber für mich ist der Tod eine Tür in einer dünnen Wand, und auf der anderen Seite der Tür wird mir das Licht eines neuen Daseins entgegenkommen.

Die goldene Schnur, 240

Dein Weg wird über Höhen und in Tiefen führen, durch Tage mutigen Schaffens und Nächte verzweifelter Mattigkeit. Das ist dein Weg, und Gott geht ihn mit dir. Wenn aber die Tage und Nächte auf dieser Erde durchlebt und durchlitten sind, dann soll dieser Weg nicht enden, sondern weitergehen, durch sein Ende hindurch in einen neuen Anfang. Sein Ende wird der Tag einer neuen, einer zweiten Geburt sein, hinüber in ein andersartiges neues Dasein.

Ich wünsche dir nicht ein Leben ohne Entbehrung, ein Leben ohne Schmerz, ein Leben ohne Störung. Was solltest du tun mit einem solchen Leben? Ich wünsche dir aber, dass du bewahrt sein mögest an Leib und Seele. Dass dich einer trägt und schützt und dich durch alles, was dir geschieht, deinem Ziel entgegenführt.

Lichter und Geheimnisse, 20
Mehr als drei Wünsche, 6

Werden wir uns wiedersehen? Die Liebe ist es, die bleibt. Wie sollten wir das verstehen, wenn wir im Tod in einem Abgrund von Bewusstlosigkeit untergingen? Wenn die Liebe bleibt, gibt es ein Erkennen, und vielleicht wird dieses Erkennen der Liebenden klarer und tiefer sein als auf dieser Erde. Die Begegnung freilich, die alles verwandeln wird, ist die mit Gott, und in ihr wird sich wandeln, was hier war. Nur die Liebe, das gilt, wird bleiben.

Erfahrung mit Gott, 252

Ich weiß, dass du mich hörst, Gott, und weiß doch nichts zu sagen. Ich weiß, dass du mich führst, und sehe doch keinen Weg. Ich weiß, dass mein Geschick von dir ist, und kann es doch nicht annehmen. Du trägst meine Seele, und sie versinkt doch in ihrer Schwermut. Du gibst die Zeit, und ich habe doch keine Geduld. Wie du um mich bist, so möchte ich in dir sein. Ich kann es nicht allein. Hilf mir.

Am Ufer der Stille, 20

Gott, ich bejahe deinen Willen.
Ich möchte ihn bejahen.
Hilf mir. Ich kann es nicht allein.

Ich bin stumm und stumpf in mir selbst.
Ich weiß, dass du mich hörst,
und weiß dennoch nicht, warum ich sprechen soll.

Ich weiß, dass du mich führst,
und weiß dennoch keinen Weg.

Ich weiß, dass du mir mein Geschick zuteilst,
und kann es dennoch nicht annehmen.

Ich weiß, dass du meine Seele hebst und trägst,
und versinke dennoch in meinen schweren Gedanken.

Ich weiß, dass mein Wille und der deine eins sind,
und werde dennoch meine Angst nicht los.

Ich weiß, dass du mir Freiheit zugedacht hast,
und lebe doch im Kerker.

Ich weiß, dass dein Zeitplan anders als der meine
und habe dennoch keine Geduld.

Ich weiß, dass ich dir am nächsten bin,
wenn ich mich ängste,
Ich weiß, dass du mich hältst, auch wenn ich falle.

Nein, Herr, ich weiß es nicht. Ich glaube es.
Ich möchte es glauben. Trotz allem. Hilf mir.

Wie wir beten können, 175

Ein Mensch lebt davon, dass jemand
ihn hört, dass jemand mit ihm spricht.
Es muss jemand da sein, der sagt:
Ich verstehe dich. Ich vertraue dir. Du bist nicht
allein. Ich will dir helfen.

Wirklich. Es gibt Mächte in der Welt, die uns das
Licht zeigen. Mit ihnen möchte ich mich zusam-
mentun, mit allen guten Kräften zwischen
Himmel und Erde, und möchte helfen, dass du sie
fühlst, dass du eine Helligkeit siehst und einen
warmen Wind spürst, der die kalten Wände
streift. ❧

Die goldene Schnur, 43
Meine Gedanken sind bei dir, 12

Wenn ich einmal gestorben bin, so denke ich mir, betrete ich einen Raum, der mir bis dahin fremd war, den ich aber glaube. Er war »jenseitig« und wird im Tod und in der Auferstehung zu »meiner« Welt. Im Tode geschieht nichts anderes als hier schon bei jeder neuen Einsicht: Meine Welt wird weiter. Mein Diesseits wird größer. Vieles wird mir auch dann noch verborgen sein, aber mein Blick wird tiefer in das Geheimnis Gottes dringen, tiefer in das Geheimnis seiner Welt und auch in das Geheimnis, das ich mir selbst bin.

Die leisen Kräfte, 40

Beim Rückblicken und Vorausahnen wird deutlicher, wovon wir reden, wenn wir Gott sagen. Es fällt viel ab von kindlichen Bildern und törichten Meinungen, und wir schauen jene große Mächtigkeit, die war, die ist und die bleiben wird und die uns meint und liebt und bewahrt. Wir sprechen von Christus und meinen den, der am Ostermorgen am Ufer jenes Sees in Galiläa stand, die lichte, transparente Gestalt, die unser Leben lang die wirkende Kraft in unserer eigenen Seele gewesen ist. Wir sprechen vom Geist Gottes, jener lebendigen Kraft, die uns neu zum Leben rufen wird, von jenem Licht, das uns durchdringen wird, wenn wir Gott schauen. Müssen wir mehr wissen? Ich meine nicht. Wir müssen nur fassen und bewahren, wie wir selbst eingefasst und bewahrt sind. ❧

Ich werde gerne alt, 45

Es ist ja im Grunde ganz einfach: Jenseitig ist für mich, was ich nicht sehe, nicht verstehe, was mir fremd ist und unzugänglich. Diesseitig ist alles, was mir einmal begegnet ist und was sich mir geöffnet hat. Jedes Wesen beurteilt die Welt nach der Kraft seiner Sinnesorgane. Aber könnte sich uns Menschen nicht etwas öffnen von einer Welt, die weiter ist und reicher als die wir mit den Sinnen wahrnehmen?

Wir wissen nicht, wie es »im Himmel« aussieht. Aber unsere Welt wird größer sein. Ein anderes Licht wird über ihr liegen, und unser Weg wird noch einmal anfangen. Es gibt auch sonst die Erfahrung, dass, wenn in diesem Leben eine Tür sich schließt, eine andere sich öffnet. Und wenn die Türen, durch die wir gegangen sind, sich schließen, eine nach der anderen, dann werden sich die Wände auflösen, in denen die Türen sich gedreht haben. Und ich bin glücklich, dass mir immer wieder Zeichen gegeben worden sind, dass es so ist. ❧

Unter dem weiten Himmel, 21
Auferstehung, 146

Ewiger Gott, ich gehöre zu den Menschen, die man alt nennt. Ich lebe im Abend. Bald wird es Nacht sein. Lass mich nicht allein bei den letzten Schritten. Mein Leben hatte einmal Wert und Sinn. Ich habe gearbeitet, gelitten und gewirkt. Was ich getan habe, rückt in die Ferne. Ich bitte dich, mich vor Bitterkeit zu bewahren, vor der Sucht, mein Wissen und Können zu beweisen, vor der Gefahr, zu behaupten, es sei alles richtig gewesen. Ich möchte loslassen lernen. Lass du mich nicht los!

Meine Kräfte lassen nach. Krankheiten zehren mich aus. Der Tod steht vor mir, unausweichlich. Ich bitte dich, mich vor Verhärtung zu behüten, vor dem Ausweichen in Illusionen, vor der Suche nach falschen Hoffnungen. Ich möchte annehmen, was du sendest, dass ich eine neue Stufe betrete und bereit bin, wenn du mich verwandelst.

Mitten unter den Menschen habe ich gelebt. Nun werde ich einsam. Meine Freunde sterben. Niemand braucht mich. Jeder geht seinen Weg. Ich bitte dich, zu helfen, dass ich mich nicht verschließe und doch nicht überall mitrede. Und dass ich kein Mitleid pflege mit mir selbst. Ich möchte aus der Stille wirken können, für andere Menschen eintreten vor dir. Gib mir die Worte dafür. Ich bin in deiner Liebe geborgen. Hilf mir zu lieben.

Wie wir beten können, 114

Jede Tat eines Menschen hat zwei Wirkungen: einmal eine Wirkung auf seine Umwelt und die Menschen um ihn, und zum anderen eine Wirkung auf ihn selbst, eine verändernde, prägende, befreiende oder zerstörende. Was ein Mensch tut, bleibt unter anderem auch in der Form zurück, in die er sich durch seine Tat verwandelt. Und wer sich selbst prüft, trifft auf ein sehr charakteristisches Ergebnis: Er fühlt, dass er so, wie er ist, nicht wirklich genug ist, dass zu viel Trug, zu viel Schein, Vorwand und Ausrede, zu viel bloßer Vorsatz und zu viel Versagen in ihm sind. Und dabei geht es nicht so sehr um Moral oder Unmoral – das fühlt jeder, der über das Ergebnis eines Lebens an einem Grab nachdenkt –, sondern um Liebe und Lieblosigkeit. Er fühlt, dass tatsächlich nur die Liebe bleibt und alles andere unwirklich wird. ❧

Erfahrung mit Gott, 253-254

Wir gedenken vor dir aller Toten,
aller vergessenen und versunkenen Namen.
Der Toten, die niemand beweint,
der Vermissten, deren Geschick wir nicht wissen,
der Verzweifelten, die sich das Leben nahmen,
und der von Menschen Entehrten und Gemordeten.
Wir wissen sie in deiner Hand und bitten dich:
Bewahre die Ärmsten unter deinen Kindern.

Wir danken dir, dass du so nahe bist.
Auch die Toten nahe sind bei dir.
Niemand stirbt, der in dir ist.
Wir empfangen Leben von dir,
wie auch die Toten in dir leben.
Das verbindet uns mit ihnen,
dass wir dasselbe Leben haben.

Deine Gedanken sind nicht unsere Gedanken.
Deine Wege sind nicht unsere Wege.
Wir glauben deinen Gedanken,
auch wenn wir sie nicht verstehen.
Wir gehen deine Wege und halten uns an dich.
Du wirst den Feind, den Tod überwinden.
Du bist auferstanden von den Toten,
dir nach werden sie alle auferstehen.
Mit dir werden sie sich freuen in deinem Licht
und dich preisen von Ewigkeit zu Ewigkeit.

Wie wir beten können, 119

orthin, woher ich kam, kehre ich zurück: in die Hände Gottes. Ich lasse mein Herz ruhen. Es muss nichts tun. Es muss nichts leisten, sich nicht bewähren. Gott selbst ist mehr als nur der Wirkende. Er ist auch die Ruhe in allen Dingen. Ich suche ihn, indem ich ruhe. Ich vergesse meine Gedanken, meine Leistungen und Taten, vergesse den Streit. Ich gehe dorthin, wo mein Weg anfing und wo er enden wird.

Ich bin da, sagt Gott. Mitten in dem, was dir Angst macht, bin ich. Fürchtest du den Sturm? Ich bin's. Fürchtest du das, was kommt? Ich bin's. Fürchtest du deine Schwäche? Ich bin mitten in ihr. Fürchtest du das Sterben? Es wird eine Begegnung mit mir sein. Du brauchst dich nicht gegen die Welt abzuschirmen. Du brauchst weder in dir selbst noch an irgendeinem anderen weltabgewandten Ort Zuflucht zu suchen. Nimm die Herausforderung an, die in dieser Zeit liegt. ❧

Wenn der Abend kommt, 7
Lichter und Geheimnisse, 154

Herr, du hast mich zu dir geschaffen, und mein Herz ist unruhig, bis es Ruhe findet in dir. Dein ist das Licht des Tages. Dein ist das Dunkel der Nacht. Das Leben ist dein und der Tod. Sei du in mir der Morgen ohne Abend, das Licht ohne Nacht. Die Zeit und die Unruhe berühren dich nicht, aber du gibst die Zeit. Du hast mich zu dir geschaffen, so gib mir Ruhe in der Eile des Tages und den Frieden am Ende der Zeit. ❧

Am Ufer der Stille, 25

Ich will nicht sorgen,
wenn der Tod vom Himmel regnet,
wenn der Krieg einbricht in den Frieden
oder das Unglück in das sichere Haus.
Was sollte meine Sorge nützen?

Ich will nicht sorgen,
wenn ich meinem Tag nicht gewachsen bin,
wenn die vielen Aufgaben mich bedrängen,
die vielen kleinen Dinge, die zum Leben nötig sind.
Ich will sie ernst nehmen, aber mich nicht sorgen.

Ich will nicht sorgen,
wenn ich alt und krank und gebrechlich werde
und meine Kraft nachlässt, auch wenn ich nichts
weiß über den kommenden Tag.
Den kennst allein du.

Du sorgst für mich.
Dass ich lebe, macht deine Güte.
Dass ich überstehe, kommt von dir.
Nichts kann ich tun, wenn du mich nicht führst.
Was geschieht, ist dein Werk.
Dir vertraue ich mich an.
In deiner Hand ist mein Schicksal, in deiner Hand
sind Menschen und Völker, Leben und Tod.
Wem sollte ich mich anvertrauen außer dir?

Wie wir beten können, 211

Ich weiß, Gott, dass ich einem Ziel zugehe, dass der große Markttag auf der Erde ein Ende hat und dass ich zuletzt eine Brücke brauche, die mich über den großen Strom trägt an ein anderes, fremdes Ufer, an dem du mich empfängst. Du selbst bist die Brücke. Ich gehe meinen Weg mit Zagen. Aber ich vertraue dir, dass du mich führen und tragen wirst. Ich verlasse mich auf dich.

Dein Geburtstag sei ein Fest, 431

Bleibe bei uns, es will Abend werden,
und die Dämmrung breitet sich aufs Land.
Bleibe bei uns auf der dunklen Erde,
denn was kommt, ist alles unbekannt.

Bleibe bei uns, wenn der Tag sich endet.
Bleibe bei uns, wenn der Tod uns findt.
Wenn die Welt sich ins Verderben wendet,
gib, dass wir in dir geborgen sind.

Bleibe bei uns, dass die Nacht uns hüte,
bis das Herz in dir den Morgen fand,
dass wir in dir sind, in deiner Güte
und in Ewigkeit in deiner Hand.

Der Singvogel, 30

Dezember

ES KOMMT EINER,
DER GEHT MIT DIR

Ein Kind kommt zur Erde,
von Gott gesandt,
in fernem Lande und unbekannt,
im Stall und im Stroh ein ärmliches Kind.
Verhüllt tut sich kund, was in Gott beginnt.

Den Armen der Erde erscheint ein Stern.
Der Schwermut leuchtet ein Licht von fern.
Die Einsamen finden Krippe und Kind,
durch Dunkelheit geht, wer das Heil gewinnt.

Du Bote des Himmels, du Trost im Leid,
du Bruder in unserer Einsamkeit.
Du wehrloses Kind, das Höllen bezwingt,
gib du uns die Kraft, die aus Gott entspringt.

Der Singvogel, 68-69

dvent heißt: Es kommt uns der entgegen, der uns gezeigt hat, Gott sei nicht in irgendeiner Ferne, sondern nah bei uns wie ein Mensch, der uns besucht, so nah wie ein Bruder, der mit uns lebt und leidet, so nah wie ein Mensch, der uns liebt. Der, der kommt, geht unseren Weg mit uns, und sei dieser Weg noch so schwierig, und sei es über diesem Weg noch so dunkel, und sei er noch so weit. Er zeigt uns ein Ziel, ein großes Ziel und ein schönes, bis zu dem Punkt, an dem uns aufgeht: Nun ist alles gut. Es hat alles seinen Sinn gehabt.

Dornen können Rosen tragen, 385

Advent – dieses Fest hatte es von jeher mit Türen zu tun. Ihm liegt der Glaube zugrunde, dass diese Welt uns Menschen nicht einschließt wie mit Mauern oder Wänden, sondern dass es Türen gibt. Türen, durch die wir ins Freie treten, oder Türen, durch die uns etwas entgegenkommt aus einer anderen Welt, etwas Neues und Reines und Heiliges.

Advent heißt, dass jemand mit allen Sinnen angespannt ist und glücklich, weil er den erwartet, der ihm das Leben bringt. 🙠

Dornen können Rosen tragen, 384
Heitere Gelassenheit, 107

Wenn ein Engel das Wort nimmt, was wird er dir sagen? Vielleicht hörst du ihn etwa so reden: Du musst davon ausgehen, dass der Geist Gottes dir etwas sagen will, das dir nicht vertraut ist. Es kann sein, dass er in irgendeiner Erfahrung, die dir fremd, unangenehm und schmerzlich ist, zu dir spricht. In merkwürdigen Gefühlen und dunklen Ahnungen. Und vielleicht siehst du dabei keinen Engel, wie du ihn dir vorstellst. Du kannst plötzlich entdecken, dass du deine Zeit nicht mehr damit verbringen kannst, zu sitzen und den Abend zu erwarten, sondern, dass du etwas tun musst. Es ist gar nicht so selten, dass ein Engel sagt wie zu Josef: »Steh auf! Da ist ein Weg, da ist etwas, das ist dir anvertraut, nimm es in Acht.«

Heitere Gelassenheit, 80

Wenn wir von Engeln sprechen, meinen wir nicht holde Gestalten in weißen Hemden und mit goldenen Flügeln, sondern mächtige Wesen, die Gott zugewandt sind im Schauen seiner Herrlichkeit. Wir meinen Werkzeuge des Geistes und der Liebe Gottes, Gefäße für Gott und seine Lebendigkeit. Dass sie das sind, ist ihre Reinheit. Glücklich also, die aus der Klarheit Gottes leben, sie spiegelnd. Dein Herz kann solch ein Engel sein. Oder werden.

Soll ich an Engel glauben? Vielleicht ist es genug, dass ich offenlasse, was oder wen es geben mag zwischen Himmel und Erde, und dass ich wach bin und behutsam, wenn ich eine Stimme höre, die mir fremd ist. 🙣

Lass dein Herz atmen, 44
Grüße zur Heiligen Nacht, 12

Da leuchten also Bilder von dir auf. Du nimmst sie in dich selbst hinein und gibst ihnen Raum. Sie wollen etwas Neues und Schönes in dir beginnen. Und du musst ihnen gewähren, dass sie das tun. Sinnvolles Nachdenken geht nie nur vom Kopf aus, und es hat immer die erlösende Wandlung im Auge, die in dir geschehen soll. Du nimmst also Abschied von dem dünnen, oberflächlichen Denken, das wir gewöhnt sind, du fragst nicht mehr nach Argumenten, nach Beweisen oder Gegenbeweisen, es ist dir nicht mehr ganz so wichtig, wie es alles sich dem Auge dessen darbietet, der es für geschichtlich oder ungeschichtlich halten will. Du öffnest deine Seele für eine Intuition, die die heimliche Deutung deines ganzen Daseins erfährt. ❧

Grüße zur Heiligen Nacht, 40

enke nicht zu gering von dir. Denn was Gott aus dir machen wird, das kannst du noch nicht wissen, du darfst ihm aber entgegensehen mit Geduld und fröhlicher Gelassenheit. Und wenn wir einmal der Liebe Gottes begegnen, werden wir unsere ängstlichen Fragen beiseite legen, weil alles klar ist. ❧

Ich wünsche dir Genesung, 41

Nun bitten wir um deine Hand,
du wollst uns heimwärts führen.
Durch dich der Liebe Haus entstand,
nun öffne du die Türen.
Mit Segenskraft uns zugewandt
wollst du das Herz berühren.

Du gibst den Becher und den Krug,
den Wein, des Festes Zeichen.
Du gibst den Acker und den Pflug
und wirst die Frucht uns reichen.
Gibst du, so haben wir genug,
so muss die Sorge weichen.

Mach uns in Glück und Leid bereit,
zu trösten, die sich grämen.
Hilf, dass der Menschen Angst und Leid
nicht unsre Hände lähmen
und dass wir Mut zu aller Zeit
aus deiner Fülle nehmen.

Uns ist gemeinsam ein Geschick,
ein Los auf unsern Wegen.
Gib uns Vertrau'n und freien Blick,
komm uns, was mag, entgegen.
So liegt denn unser Heil und Glück
in deiner Hände Segen.

Der Singvogel, 82

Ich suche meinen Weg, o Gott,
und taste nach seinem Sinn.
Ich schaue den Weg an, den Christus ging,
und suche deine Weisung für mich.
Denn wie er, so gehen wir aus von dir
und suchen in dir unser Ziel.

Göttlich war Christus, wie du, Gott,
Aber er bewahrte sich keine Macht
und behielt sein göttliches Wesen nicht.

Arm ward er und machtlos.
Er nahm die Gestalt eines Knechtes an
und wurde ein Mensch unter Menschen.

In meiner Gestalt erschien er.
Tief stieg er hinab bis zum Tod,
ja bis zum Tod am Kreuz.

Darum hast du, Gott, ihn über alles empor-
gehoben und setztest ihn über alles, was lebt,
über Menschen und Mächte.

Ich suche meinen Weg, o Gott, und finde ihn
in Christus, der mir vorausging.

Nach Philipper 2
Gib den Augen meines Herzens Licht, 72

Wenn sich uns etwas, das wir nicht kannten, plötzlich erschließt, sprechen wir von einer Offenbarung. Etwas Verschlossenes öffnet sich, wo Dunkelheit war, geht Licht auf, wo alles stumm war, ergeht ein Wort. Wo einer in der Einsamkeit gelebt hat, gelangt ein Zeichen von irgendwoher zu seinem Herzen. In tausend Formen und Gestalten ereignet sich rund um uns her das, was wir eine Offenbarung nennen, und vielleicht wird uns, wenn wir dem nachdenken, auch eines Tages gezeigt, auf welche Weise sich uns die Weisheit und die Güte Gottes offenbaren könnten. ॐ

Unter dem weiten Himmel, 22

Ein ganzes Leben reicht nicht, zu verstehen, was in uns selbst ist, wahrzunehmen, wer wir selbst sind. Aber die Jahre führen uns gleichsam durch Tageszeiten, durch Morgen und Mittag, Abend und Nacht. Und immer wieder begegnen wir anderen Kräften, anderen Aufträgen, immer wieder machen wir andere Erfahrungen mit uns selbst. ❧

Was bleibt, stiften die Liebenden, 30

Dir, Herr, lasse ich meine Sorgen um die Menschen, die ich liebe. Ich glaube nicht mehr, dass ich mit meinen Sorgen irgendetwas bessere. Das liegt allein bei dir. Wozu soll ich mich sorgen? Die Angst vor der Übermacht der Anderen lasse ich dir. Du warst wehrlos zwischen den Mächtigen. Die Mächtigen sind untergegangen. Du lebst. Meine Furcht vor meinem eigenen Versagen lasse ich dir. Ich brauche kein erfolgreicher Mensch zu sein, wenn ich ein gesegneter Mensch sein soll. Alle ungelösten Fragen lasse ich dir. Ich gebe es auf, gegen verschlossene Türen zu rennen, und warte auf dich. Du wirst sie öffnen. Ich lasse mich dir. Ich gehöre dir, Herr. Du hast mich in deiner guten Hand. ❧

Wenn der Abend kommt, 21

Wir bewegen uns nicht abwärts zu einem anderen Menschen, der uns braucht, sondern Christus bewegt sich im anderen Menschen auf uns zu. Es ist nicht das Gefälle, das zwischen uns und dem leidenden Menschen sich hinab bewegt, sondern das Gefälle, das von Christus zu uns her ergeht. Nicht der andere Mensch ist der eigentliche Empfänger der Wohltat, sondern wir selbst sind es, die Christus auf diese Weise bei uns empfangen. Und auf diese Weise entsteht in uns der Mensch, um den es sich lohnt, dass er da ist. ❧

Auferstehung, 116

Dir sind Kräfte anvertraut. Vielleicht mehr als anderen. Vielleicht weniger. Das lass dich nicht kümmern. Wichtig ist allein, ob du, was du empfangen hast, in Hingabe wandelst. Du hast mehr davon in dir, als du glaubst. Du hast mehr Kräfte als du meinst. Mehr Phantasie, als du denkst, du darfst dich nur nicht davor fürchten. Du hast mehr Liebe zu geben, als du dir zutraust. Geh also dorthin, wo die Herzen dunkel sind, wenn du Licht sehen willst. Auch das Licht, das in dir selbst ist, das Licht Gottes.

Das Evangelium, III,47

O b du Wege nach innen suchst oder nicht,
ob sie dir wichtig sind, ob du sie findest
oder nicht: Irgendwo musst du anfangen.
Geht es um ein wirkliches Heimkehren zu Gott
oder ein wirkliches Einkehren in ihn, so fang
beim einfachen Gebet an. Sage, was du auf dem
Herzen hast, was dich bewegt, was dich beglückt,
was du erhoffst oder befürchtest.

Die goldene Schnur, 193

Ich bin überzeugt, dass es wenige Menschen gibt, die nicht glauben. Ich habe noch niemanden gesehen, der nicht, während er selbst überzeugt war, er habe allen Glauben hinter sich, in Wahrheit sehr viel geglaubt hätte, und niemanden, der nur von dem hätte leben können, was zu sehen und zu beweisen war.

Erfahrung mit Gott, 33

Ich wünsche dir nicht, dass du ein Mensch seist, rechtwinklig an Leib und Seele, glatt und senkrecht wie eine Pappel oder elegant wie eine Zypresse. Aber das wünsche ich dir, dass du mit allem, was krumm ist an dir, an einem guten Platz leben darfst und im Licht des Himmels, dass auch, was nicht gedeihen konnte, gelten darf und auch das Knorrige und das Unfertige an dir und deinem Werk in der Gnade Gottes Schutz finden.

Mehr als drei Wünsche, 32

Was einmal gewesen ist, wird mir wichtiger mit den Jahren, auch die vergangenen Träume, auch die Hoffnungen, die sich so anders erfüllten, als sie gedacht waren. Und ich finde den großen Zusammenhang. Nichts ist vergangen. Es ist noch alles in mir. Nichts ist verloren. Nichts wertlos geworden.

Dein Geburtstag sei ein Fest, 12

Dass Träume uns Wege zeigen können, wissen wir heute wieder. Es sind ja unsere Gedanken, die da spazieren gehen, während wir schlafen, die schauen und hören, was wir sonst nicht hören oder wahrnehmen. Es ist unsere eigene Seele, die sich öffnet für ein Bild oder ein Wort.

Heitere Gelassenheit, 75

Geschenke haben ihren Sinn, wo ein Leben nicht aus sich selbst bestehen kann, aus eigener Leistung oder eigener Kraft. Und so brauchen wir die Hand anderer, die schenkende, und immer wird unsere gebende Hand gebraucht. Wir üben die Kunst des Annehmens, gerne zu empfangen mit dankbarem Lächeln, mit dem wir der Liebe des Anderen antworten. Niemand aber ist zu arm, sich selbst zu verschenken, oder zu reich, das Herz des anderen zu brauchen. Wenn wir schenken, tun wir, was Gott in der Heiligen Nacht tat. Denn niemand kann sich Gottes Nähe verdienen. Unerwartet kommt seine Liebe und macht uns reich. ❧·

Grüße zur Heiligen Nacht, 22

Wir erfassen, wer wir sind, nur, wenn wir von uns selbst nicht weniger halten als Gott von uns hält. Denn das Elend des Menschen rührt nicht daher, dass er zu groß von sich denkt, sondern daher, dass er sich zu klein empfindet. Wer wirklich groß von sich denkt, braucht sich nicht zu blähen. Er steht auf der Erde und berührt mit der Stirn den Himmel und dankt für das ungeheure Geschenk einer solchen Bestimmung: das Geschenk der Nacht von Betlehem, in der Gott der Dunkelheit begegnet, die in den Menschen ist, in der er sich in ihnen spiegelt, damit sie sich in ihm spiegeln, sie selbst ein Licht in seinem großen Licht.

Lichter und Geheimnisse, 76

Wir verstehen Weihnachten nicht, wenn wir die Ketten nicht sehen, die uns fesseln, binden und beschweren. Denn dazu kam Jesus zu uns hinfälligen, um unser Glück besorgten und von unserer Sorge gebundenen Menschen, um uns mit brüderlicher Zartheit und Behutsamkeit frei zu machen.

Und dies ist das Geheimnis der Menschwerdung Gottes: Der Schwache gibt die Kraft, und der als Fremder an die Brunnen der Menschen kommt, gibt das Wasser, das in Ewigkeit allen Durst löscht. Der Barmherzige weckt im sorgsamen Gespräch das Gewissen, nicht indem er verurteilt, sondern indem er das lebendige Wasser anbietet, den Trost der Nähe Gottes, das Element, in welchem sich das Leben der Menschen zu wandeln vermag. ❧

Lichter und Geheimnisse, 68

An Weihnachten setzte einer einen Anfang, wo sonst unsere Wege enden. Für diesen Anfang kämpfte er. Für ihn litt er, ein Mensch, der auf eigene Gefahr liebte. Wir feiern seine Geburt und wünschen mit heißem Herzen, dass wir ihm ähnlicher werden und so seine Geburt auch in uns geschieht. 🙢

Grüße zur Heiligen Nacht, 10

Wir warten, Kind, der Stunde.
Bald fällt die Mitternacht.
Komm, dass die Nacht bekunde,
Heil sei uns zugedacht.

Wir rufen dich, wir bangen,
von Müh und Ängsten blind.
Dich hat die Nacht empfangen,
sei du in uns das Kind.

Wir haben dich verloren.
Wir stehn auf dunklem Feld.
Der du im Stall geboren,
komm nun in uns zur Welt.

Der Singvogel, 43

Das also liegt in der Geschichte von Betlehem, dass Gott nicht um Welten von uns getrennt ist, sondern hier gegenwärtig auf unserer Erde. In unserer Welt, in unseren Verhältnissen, in den Menschen, in mir selbst auch. Wo von ihm erzählt wird, tritt er mir gegenüber. Wo sein Wort ergeht, wo sein Wille gilt: in dem Menschen Jesus Christus zuerst und zunächst. Dann aber weiß ich: Er ist mir nahe auch in allem, was ich sehe, und in allem, was ich nicht sehe. Ich ahne die Gegenwart Gottes wie eine große Kraft, die alles, was ist und was geschieht, durchwirkt. Wenn das so ist, dann kann noch viel Neues beginnen, vieles, das ich noch nicht sehe. Dann kann mir noch viel begegnen, und in allem, was mir begegnet, wird Gott sein.

Grüße zur Heiligen Nacht, 28

Unmerklich soll in uns der neue Mensch wachsen, der für das Gottesreich, für die Freiheit bestimmt ist, für das bleibende Leben. Wie kann das geschehen? Es beginnt damit, dass wir erkennen: Wir sind nicht festgelegt auf das, was wir jetzt sind. Niemand ist es. Alles ist voll neuer Anfänge, wenn wir sie geschehen lassen. Auch zwischen anderen Menschen und mir können neue Anfänge wachsen, oder dort, wo mir andere viel Mühe bereiten, und dort auch, wo der Hass die Menschen trennt. Die Schuld muss nicht bleiben und nicht der Streit. Güte kann einkehren. Helligkeit. Wahrheit. Christus selbst, das Kind, und Christus, der Erwachsene, der vom Gottesreich sprach und vom Frieden unter den Menschen, soll seine Gestalt finden unter uns Menschen.

Was an Weihnachten entscheidend ist, das ist, dass du selbst das Kind bist, in dem Gott zur Welt kommen soll. Dass der Stall deine Seele ist, die Erfahrung der Hirten in deiner eigenen Hörsamkeit geschieht, dass die lange Reihe der Weisen oder Könige die Reise all deiner Kräfte und deiner ganzen aufmerksamen Seele zu sich selbst ist und so zu dem Gott, der in ihr erscheint.

Grüße zur Heiligen Nacht, 26
Die goldene Schnur, 83-84

Was eigentlich fürchten wir so sehr, wenn wir hören: In dir ist mehr, als du auf den ersten Blick wahrnimmst, in dir ist das von Gott gemeinte königliche Kind und du wirst von ihm deine Schönheit empfangen, in dich ist das Reich Gottes gelegt, gib ihm Raum? Warum denn ist dieses königliche Kind bei so vielen Menschen auf der Flucht? Von wem wird es vertrieben? Bei den Einen, weil sie es nicht für möglich halten, dass mit ihnen noch etwas anzufangen sei. Bei den Anderen, weil sie selbst und sie allein die Herrschaft und die Kontrolle über sich behalten wollen. Das Kind ist auf der Flucht. Sei ihm ein Geleiter.

Lichter und Geheimnisse, 130

Wenn der Tag vergeht,
möchte ich schweigen.
Wenn der Abend kommt,
suche ich dich,
gebe mich dir, mein Gott,
dankbar zu eigen,
Wenn die Unrast vergeht,
komm du und sprich.

Was der Tag erzählt,
lass ich dem Winde.
Dir vertrau ich an,
was er gebracht.
Bleibe mir nah, mein Gott,
dass ich dich finde.
Birg die Erde in dir,
Hüter der Nacht.

Der Singvogel, 26

Gott aller Güte, in deinen Händen
sind mein Leib und mein Geist.
Ich kann mein Leben nicht planen,
nicht machen und nicht voraussagen.
Aber ich danke dir, dass ich deine Führung erkenne.

Ich staune
über den Plan, nach mein Leben verläuft.
Über die Wendungen, die mein Schicksal nahm,
und über seine Geradlinigkeit.

Du greifst ein, und manchmal erkenne ich,
dass es so kommen musste.
Du machtest meine Gedanken und Pläne zunichte,
und am Ende entdeckte ich: So war es gut.

Ich weiß, mein Gott, dass du mich am Leid nicht
vorbeiführst, aber du führst hindurch.

Ich vertraue, dir liebender Gott,
auch wenn ich nichts verstehe.
Ich überlasse mich dir.
Tu du mit mir, was du willst.

Ich lege mich in deine Hand und danke dir,
wenn ich es immer besser lerne,
dies und sonst nichts zu wollen.
Einzig dies wünsche ich,
dass dein Wille sich an mir erfüllt.

Wie wir beten können, 169

Religiöse Gedanken werden aufhören.
Die Bilder, die wir von Gott haben,
werden verblassen.

Hoffnungen, die uns von Tag zu Tag
über Mühen und Enttäuschungen
hinweg tragen, werden zu Ende sein.
Der Glaube, den wir mühsam bewahrten
gegen allen trostlosen Augenschein,
wird der Vergangenheit angehören.
Der Mensch, der wir geworden sind,
der mehr oder minder liebenswerte,
wird begraben werden.
Die Liebe allein wird bleiben.

Was aber kein Auge gesehen
und kein Ohr gehört hat
und in keines Menschen Herz gedrungen ist,
das hat Gott denen bereitet,
die ihn lieben mit ihrer kleinen Kraft.

Nichts bleibt außer Gott.
Was darum bleibt in dieser Welt
und über diese Welt und Zeit hinaus,
das stiftet Gott, und das nehmen sie auf,
die sein Bild sind, die Liebenden. ❧

Was bleibt, stiften die Liebenden, 117

Wir bitten Gott um seinen Segen,
dass wir wie schöne Bäume stehn
in seiner Sonne, seinem Regen,
wie einst im Paradies geschehn.

Der Schöpfer aller Welt verleihe,
dass uns sein Schaffen ganz durchdringt,
dass gute Frucht an uns gedeihe
und unser Werk durch ihn gelingt.

Mit seinem Quell mög er uns tränken,
aus dem sein Geist wie Wasser quillt,
uns mit der Liebe Kraft beschenken –
so sind wir wieder Gottes Bild.

Der Singvogel, 87

Neujahrsnacht

Gott sei vor dir
und zeige dir den rechten Weg.
Gott sei nahe bei dir
und lege seinen Arm um dich.
Gott sei hinter dir,
dich gegen alle dunkle Macht zu bewahren.
Gott sei unter dir,
dich aufzufangen, wenn du fällst.
Gott sei in dir,
dich zu trösten, wenn du traurig bist.
Er sei um dich her,
dich zu schützen in der Angst.
Er sei über dir
wie die Sonne am Himmel
und segne dich mit seiner Kraft.

Worte des Segens

Quellenverzeichnis

*Alle Titel im Kreuz Verlag. Die mit * gekennzeichneten Titel sind derzeit vergriffen.*

Alles Lebendige singt von Gott. Stuttgart 1996, 13. Aufl. *
Am Ufer der Stille. Stuttgart 1997, 14. Aufl.
Auferstehung. Und am Ende ein Gehen ins Licht. Stuttgart 2001, 2. Aufl. *
Das christliche Bekenntnis. Ein Vorschlag. Stuttgart 1998, 3. Aufl. *
Das Evangelium. Hundert Tage mit Jesus. Stuttgart 1997, 3. Aufl. *
Das Vaterunser. Das Gebet, in dem alles gesagt ist. Stuttgart 2005.
Dein Geburtstag sei ein Fest. Stuttgart 2000, 17. Aufl.
Der große Gott und unsere kleinen Dinge. Stuttgart 1999, 3. Aufl. *
Der Singvogel. Das neue Gesangbuch von Hans-Jürgen Hufeisen und Jörg Zink. Stuttgart 1997 *
Die goldene Schnur. Anleitung zu einem inneren Weg. Stuttgart 2000, 3. Aufl.
Die leisen Kräfte sind es, die dich tragen. Stuttgart 2002.
Die Mitte der Nacht ist der Anfang des Tages. Bilder und Gedanken zu den Grenzen unseres Lebens. Stuttgart 1988, 12. Aufl.
Die Urkraft des Heiligen. Christlicher Glaube im 21.Jahrhundert. Stuttgart 2003
Die Quellen der Gelassenheit. Stuttgart 2004.
Dornen können Rosen tragen. Mystik – Die Zukunft des Christentums. Stuttgart 2002, 6. Aufl.
Eine Handvoll Hoffnung. Stuttgart 1993, 8. Aufl.
Erde, Feuer, Luft und Wasser. Der Gesang der Schöpfung und das Lied des Menschen. Stuttgart 1986 *
Erfahrung mit Gott. Einübung in den christlichen Glauben. Stuttgart 1975, 2. Aufl. *
Grüße zur Heiligen Nacht. Stuttgart 2002
Heitere Gelassenheit und was beim Älterwerden sonst noch zu gewinnen ist. Stuttgart 2003, 2. Aufl.
Ich werde gerne alt. Stuttgart 2000, 12. Aufl.
Ich wünsche dir Genesung. Stuttgart 2001, 10. Aufl.
Kriegt ein Hund im Himmel Flügel? Religiöse Erziehung in den ersten sechs Lebensjahren. Mit Heidi Zink. Stuttgart 2003.

Lass dein Herz atmen. Stuttgart 2002.
Lichter und Geheimnisse. Weihnachtswege nach innen. Stuttgart 2001, 2. Aufl.
Mehr als drei Wünsche. Stuttgart 2001, 32. Aufl.
Meine Gedanken sind bei dir. Stuttgart 1998, 11. Aufl.
Trauer hat heilende Kraft. Stuttgart 2000, 20. Aufl.
Unter weitem Himmel. Stuttgart 1995, 7. Aufl. *
Vielfarbiger Dank. Stuttgart 1997, 14. Aufl.
Was bleibt, stiften die Liebenden. Stuttgart 1979
Wenn der Abend kommt. Stuttgart 1997, 16. Aufl.
Wie die Farben im Regenbogen. Stuttgart 1986 *
Wo das Glück entspringt. Stuttgart 1997, 12. Aufl.
Worte des Segens. Jörg Zink Kalender 2003, Stuttgart 2002 *

Bibliografische Information der Deutschen Bibliothek
Die Deutsche Bibliothek verzeichnet diese Publikation in der
Deutschen Nationalbibliografie; detaillierte bibliografische
Daten sind im Internet über http://dnb.ddb.de abrufbar.

Kreuz Verlag, Stuttgart
in der Verlagsgruppe Dornier GmbH
Postfach 80 06 69, 70506 Stuttgart

www.kreuzverlag.de
www.verlagsgruppe-dornier.de

© 2005 Kreuz Verlag, Stuttgart
in der Verlagsgruppe Dornier GmbH

Umschlagfoto: © ZEFA/Images/Masterfile
Umschlaggestaltung: Bergmoser + Höller Agentur, Aachen
Satz: de·te·pe, Aalen
Druck: GGP Media GmbH, Pößneck

ISBN 3-7831-2608-8
ISBN 978-3-7831-2608-2